应用型本科高校
国际经济与贸易专业人才培养探索与实践

——基于国家一流本科专业建设点的比较分析

王军英　著

中国商务出版社

·北京·

图书在版编目（CIP）数据

应用型本科高校国际经济与贸易专业人才培养探索与

实践:基于国家一流本科专业建设点的比较分析/王军英著.

--北京:中国商务出版社,2025.5.--ISBN978-7-5103-5687-2

Ⅰ.F11-41;F74 41

中国国家版本馆CIP数据核字第20256CS415号

应用型本科高校国际经济与贸易专业人才培养探索与实践
——基于国家一流本科专业建设点的比较分析
王军英　著

出版发行：中国商务出版社有限公司

地　　址：北京市东城区安定门外大街东后巷28号　邮编：100710

网　　址：http://www.cctpress.com

联系电话：010-64515150（发行部）　　　010-64212247（总编室）
　　　　　010-64269744（事业部）　　　010-64248236（印制部）

责任编辑：郭舒怡

排　　版：廊坊市展博印刷设计有限公司

印　　刷：北京九州迅驰传媒文化有限公司

开　　本：787毫米×1092毫米　1/16

印　　张：11.25　　　　　　　　　字　　数：191千字

版　　次：2025年5月第1版　　　　　印　　次：2025年5月第1次印刷

书　　号：ISBN 978-7-5103-5687-2

定　　价：78.00元

前　言

在全球经济一体化加速推进的今天，国际经济与贸易作为连接各国经济的重要纽带，其地位和作用日益凸显。随着中国经济的快速发展和对外开放的不断深化，国际经贸人才的需求仍然较大，由此对高等教育体系提出了更高的要求。高等教育的转型是经济发展方式转变的必然要求。教育部、国家发展和改革委员会、财政部相继发布了关于引导部分地方普通本科高校向应用型转变的指导意见。为建设现代职业教育体系，引导本科高校主动适应国家和地方经济社会发展需求，各省、自治区、直辖市也积极开展应用型本科试点专业建设。

邢台学院，作为一所具有深厚历史底蕴和鲜明办学特色的应用型地方本科院校，始终将服务地方经济社会发展作为自己的使命和责任。学校于2020年获批河北省第二批普通本科高校向应用技术类型高校转型发展试点学校。转型试点任务获批以来，学校全面贯彻落实国家和省关于引导普通本科高校向应用技术型大学转型的指示精神，坚持"三联盟""三对接"战略，实现新师范教育协同提质与应用转型高质量发展双轮驱动齐头并进，应用型人才培养体系更加成熟，专业内涵建设更加完善，应用型课程改革不断深化，双师型队伍结构日益优化，课堂教学模式成熟定型，创新创业教育有序推进，学校应用型大学建设目标更加明晰。

邢台学院相对省内同类院校较早开设国际经济与贸易专业，办学历史可追溯至1983年。一直以来，本学院秉承"纯德实学"的校训，以服务地方社会经济发展为宗旨，以培养学生的实际应用能力为重点，实施产学融合、校企协同育人，逐步形成了产学深度融合应用型人才培养模式，办学质量不断突破，先后获批国家级特色专业建设点（2010）、河北省重点发展学科（2013）、河北省一流本科专业建设点（2019）、国家级一流本科专业建设点（2022）、河北省应用型转型示范专业（2023、2024）。

对于应用型本科高校国际经济与贸易专业，在长期的办学过程中，我们一直在思考一个问题：如何培养区域经济发展"用得上、留得住"的应用型人才？要回答这一问题，需要紧密结合当前现实情况，对国际经济与贸易专业的人才供给基本现状进行全面而深入的剖析。2019年4月2日，教育部办公厅发布《关于实施一流本科专业建设"双万计划"的通知》（教高厅函〔2019〕18号）。截至2024年，教育部已经完成了三轮一流本科专业建设点申报遴选工作。获批国家一流本科专业建设点高校不乏应用型本科高校，这些学校在服务国家、地方区域经济社会发展中都开展了大量有益的探索与实践，积累了丰富的改革经验。对它们的办学经验进行剖析总结，能够为同类院校在应用型转型发展提供非常有价值的参考。

本书正是基于这一背景，结合应用型人才培养、国家一流本科专业建设工作以及国际经贸人才需求，选取典型代表高校为样本，对国际经济与贸易专业的教学改革进行了全面而深入的探讨。首先，我们深入回顾了国际经济与贸易专业的办学历史，通过细致的梳理与分析，揭示了该专业在不同历史时期的演变轨迹和发展脉络。这不仅有助于我们更好地理解该专业的本质和内涵，也为后续的研究提供了宝贵的历史借鉴。同时，我们紧密结合当前现实情况，对国际经济与贸易专业的人才供给基本现状进行了全面而深入的剖析。通过市场调研和数据分析，我们明确了当前市场上对这类人才的需求状况以及供给情况，为专业调整和优化提供了科学依据。在此基础上，我们紧密对接社会需求，充分利用大数据资源，对国际经济与贸易毕业生的就业市场现状进行了详尽的分析。通过大数据的挖掘与处理，我们掌握了毕业生在就业市场上的分布、流向、薪资水平以及就业满意度等多方面的信息，为后续的人才培养工作提供了有力的数据支撑。为了更深入地探讨国际经济与贸易专业的人才培养过程，我们选取了部分应用型高校的国家一流本科专业建设点作为研究样本。通过文本分析的方式，我们重点关注了人才培养的目标设定、毕业要求、课程体系以及实践教学等关键环节，详细分析了各学校在人才培养方面的特色与亮点。这些分析不仅有助于我们更好地理解不同高校在人才培养方面的差异和共性，也为优化人才培养过程提供了有益的参考。最后，为了更具体地展现各学校在人才培养方面的典型做法和先进经验，我们选取了部分样本高校，采取了案例分析的方法。通过对这些高校的深入调研和实地考察，我们全面了解了它们在人才培养方面的具体举措、实施效果以及存在的问题，并提炼出了一系列可复制、可推广的先进经验。这些经验不仅为其他高校提供了有益的借鉴，也为我国国际经济与贸易专业的人才培养和发展提供了重要的启示。

总之，本书旨在通过全面而深入的探讨，为邢台学院国际经济与贸易专业的教学改革提供有力的理论支持和实践指导。我们也期待本书的出版能够为广大教育工作者、学者以及社会各界人士提供有益的参考和启示，共同推动国际经济与贸易专业的教学改革和发展，为培养更多高素质应用型人才贡献智慧和力量。

王军英

2025 年 5 月

目 录

第一章

绪 论

第一节　研究背景与意义

一、研究背景

随着我国经济的快速发展和全球化进程的不断推进，国际经济与贸易专业作为培养对外贸易和国际经济合作专门人才的重要学科，其重要性日益凸显。特别是在当前经济全球化的大背景下，我国对外经济贸易往来的规模和范围不断扩大，对具备国际视野和专业技能的国际经贸人才需求更加迫切。

在此背景下，国际经济与贸易专业应运而生，该专业的历史可以追溯到 20 世纪 50 年代，之后快速发展，全国高校纷纷开设。截至 2021 年，全国共有 716 所高校开设国际经济与贸易专业，是近年来备受关注的热门专业之一。在历经几十年的发展过程中，该专业不断适应国内外市场、经济和产业的变化和需求，不断拓展和深化其研究内容和领域，其培养的人才也逐渐成为中国对外经贸事业的中坚力量，为推动中国的经济发展做出了重要贡献。然而，各大高校国际经济与贸易专业的学生就业情况并不十分理想，这既反映了市场对人才需求的变化，也暴露了高校在人才培养模式上存在的问题。首先，从市场需求的角度来看，随着国际贸易形势的不断变化，企业对经贸人才的需求也在发生变化。现代企业对经贸人才的要求不仅仅是掌握基本的理论知识和业务技能，更要求具备良好的创新能力、实践能力和国际视野。这就要求高校在国际经济与贸易专业的人才培养上，必须紧密结合市场需求，不断调整和优化人才培养模式。其次，从高校人才培养的角度来看，虽然我国高等院校在国际经济与贸易专业的人才培养上已有一定的经验和积累，但仍存在一些问题。一方面，部分高校在专业设置和课程设置上过于传统，未能及时跟上国际贸易发展的新趋势和新要求，导致学生所学的知识和技能与市场需求脱节。另一方面，部分高校在实践教学环节上投入不足，学生缺乏实际操作的机会和经验，难以将理论知识转化为实践能力。

为了解决上述问题，教育部大力推动国家级一流本科专业建设点的建设和评选工作。这一举措旨在引导高校优化专业结构、加强专业建设、提高人才培养质量。对于国际经济与贸易专业而言，通过参与国家级一流本科专业建设点的评选和建设，可以推动高校在人才培养模式、课程体系、实践教学等方面进行改革和创新，从而更好地满足市场需求和提升学生的就业竞争力。

在国家一流本科专业建设过程中，并非都是高水平大学，还存在一定比例的应用型高校。这类高校以本科教育为主，作为一种独立的教育类型，具有自己独特的人才培养目标、培养规格、培养过程、培养方式和评价标准，在短暂的办学历程中，逐渐形成了自己的办学特色，人才培养质量不断提升，对于满足经济社会对高层次应用型人才的需要以及推进中国高等教育大众化进程起到了积极的促进作用。其中，国际经济与贸易专业又是应用型院校开设较多的专业之一。那么，应用型高校在一流本科专业建设中，如何满足快速变化的社会和行业需求，如何在700多所高校中脱颖而出，在特色发展方面有哪些可以借鉴的经验等，这一系列问题值得思考。

在此背景下，开展应用型本科高校国际经济与贸易专业人才培养模式的比较研究。以国家级一流本科专业建设点为比较分析的基础，通过深入剖析各建设点在人才培养模式上的创新和特色，总结提炼出成功的经验和做法。同时，结合市场需求和高校实际情况，提出针对性的改进建议和优化措施，以期为提高我国应用型本科高校国际经济与贸易专业的人才培养质量提供有益的参考和借鉴。

二、研究意义

本研究关注在一流本科专业背景下，应用型高校的专业发展和人才培养问题，旨在通过比较分析和典型案例研究，剖析问题，提出对策。这一研究将有助于促进国际经济与贸易专业人才培养模式的改革与创新、提升专业教育质量、增强应用型本科高校国际竞争力以及推动高等教育内涵式发展。

（一）有助于促进人才培养模式改革创新

应对就业挑战：国际经济与贸易专业的毕业生在就业市场上面临一定的挑战，如实践操作能力不强、创新能力较差等。该研究旨在通过比较分析国家一流本科专业的培养模式，为应用型本科高校提供改革思路，使毕业生更好地适应市场需求。推动实践教学体系构建：该研究强调实践教学在国际经济与贸易专业人才培养中的重要性，有助于推动应用型本科高校构建完善的实践教学体系，提高学生的实际操作能力和综合素质。

（二）有助于提升国际经济与贸易专业教育质量

借鉴一流本科专业经验：通过对国家一流本科专业进行比较分析，应用型本科高校可以借鉴其先进的教学理念、教学方法和管理模式，提升自身的教育质量和教学水平。促进专业教育质量提高：该研究有助于推动国际经济与贸易专业教育质量的整体提升，为培养高素质复合型涉外经贸人才提供有力支持。

（三）有助于增强应用型本科高校国际竞争力

提高专业声誉和知名度：通过构建与国家一流本科专业相媲美的国际经济与贸易专业人才培养模式，应用型本科高校可以提高该专业的声誉和知名度，吸引更多优秀学生报考。吸引优秀教师和学生：一流的专业培养模式能够吸引更多优秀的教师和学者加入教学团队，同时吸引更多有志于在国际经济与贸易领域工作的学生报考该专业。

（四）有助于推动高等教育内涵式发展

深化教育教学改革：该研究有助于推动应用型本科高校深化教育教学改革，探索符合时代发展和市场需求的人才培养模式。提高人才培养质量：通过改革和创新人才培养模式，应用型本科高校可以提高人才培养质量，为社会培养更多高素质、具有创新精神和实践能力的专业人才。

第二节　研究目的与内容

一、研究目的

本研究旨在深入探讨应用型本科高校国际经济与贸易专业人才培养模式的问题与挑战，通过对国家一流本科专业的比较分析，提出优化和创新人才培养模式的策略和建议，为提高我国应用型本科高校国际经济与贸易专业的人才培养质量提供理论和实践支持。

二、研究内容

本研究将围绕以下问题展开：

1. 应用型本科高校国际经济与贸易专业人才培养的现状分析。

2.国际经济与贸易专业毕业生就业市场供给和需求关系如何？

3.如何借鉴国家一流本科专业的经验，优化和创新应用型本科高校国际经济与贸易专业的人才培养模式？

4.如何提高应用型本科高校国际经济与贸易专业的人才培养质量，满足社会经济发展的需求？

通过对以上问题的探讨，本研究期望能够为应用型本科高校国际经济与贸易专业的发展提供有益的参考和借鉴，推动我国高等教育质量的提升和内涵式发展。

第三节　研究方法及数据

一、研究方法

1.文献综述法：通过查阅国内外相关文献资料，了解国际经济与贸易专业人才培养模式的研究现状和发展趋势，为研究提供理论支持。

2.比较分析法：通过对国家一流本科专业典型代表高校进行比较分析，找出人才培养模式的差异和特点，为优化和创新人才培养模式提供借鉴。

3.案例研究法：选取典型的高校作为案例研究对象，深入分析其在国际经济与贸易专业人才培养模式上的实践探索和经验教训，为其他高校提供实际参考。

4.实地调查法：通过实地调查和访谈，了解应用型本科高校国际经济与贸易专业的人才培养现状和存在的问题，为研究提供实证支持。

5.定量分析法：运用统计学和数据分析方法，对收集到的数据进行分析处理，为研究结果提供定量支持。

综合运用以上方法，可以更全面、深入地探究应用型本科高校国际经济与贸易专业人才培养模式的相关问题，为优化和创新人才培养模式提供有益的参考和借鉴。

二、数据来源

1.文献资料：通过查阅国内外相关领域的学术期刊、研究报告等文献资料，对我国一流专业背景下的应用型人才培养模式进行深入研究，为本研究提供理论基础和案例素材。

2. 案例分析：选取具有代表性的高校作为研究对象，对其国际经济与贸易专业的应用型人才培养模式进行深入剖析，通过案例分析总结出应用型人才培养模式的成功经验和不足之处。

3. 政策文件：收集从国家到相关部委关于应用型人才培养的政策文件，分析政策文件对应用型人才培养模式的影响，为本研究提供政策背景。

本研究的数据来源丰富多样，保证了研究结果的可靠性和有效性。在后续研究过程中，我们将对所收集的数据进行深入分析，挖掘出我国一流本科专业背景下应用型人才培养模式的规律和特点。

三、研究范围

本研究关注的关键词有三个：国家一流本科专业、应用型本科高校、国际经济与贸易专业，三个关键词基本上圈定了研究范围，即应用型本科高校中那些获批国家级一流本科专业建设点的国际经济与贸易专业。

如表 1-1 所示，具体来看，应用型本科高校中国际经济与贸易专业获批国家级一流本科专业建设点的高校共有 12 所，分布在全国 10 个省（自治区、直辖市）。从办学性质来看，12 所高校中有公办高校 9 所，民办高校 3 所；从学校学科类型来看，以财经类高校为主，有 7 所，其次是综合类高校，有 4 所。

表 1-1 国际经济与贸易专业获批国家级一流本科专业建设点的应用型高校

序号	学校	档次	类型	地区
1	广西财经学院	A++	公办、财经类	广西壮族自治区
2	长春财经学院	A++	民办、财经类	吉林省
3	福州外语外贸学院	A++	民办、财经类	福建省
4	湖南财政经济学院	A++	公办、财经类	湖南省
5	上海立信会计金融学院	A++	公办、财经类	上海市
6	上海商学院	A++	公办、财经类	上海市
7	浙江万里学院	A++	公办、综合类	浙江省
8	怀化学院	A+	公办、综合类	湖南省
9	辽宁对外经贸学院	A+	民办、财经类	辽宁省
10	铜陵学院	A+	公办、综合类	安徽省
11	邢台学院	A+	公办、综合类	河北省
12	重庆科技大学	A+	公办、理工类	重庆市

第二章 概念界定及文献综述

第一节 相关概念界定

对相关概念的界定，可以为后续的研究提供清晰的理论基础和研究对象，有助于更加深入地探讨应用型本科高校国际经济与贸易专业人才培养模式的优化与创新。

一、应用型本科高校

应用型大学是相对于研究型大学和教学研究型大学而言的，它是按照中国大学培养的特点，在中国经济建设现代化和高等教育大众化推动下产生的一种新类型的本科教育。应用型大学一般指的是教学型普通本科院校，因此也称为应用型本科高校。这类院校以单纯技能型工科较多，独立学院和民办高校培养的是介于前两类院校之间的应用型人才。应用型大学作为一种独立的教育类型，它具有自己的人才培养目标、培养规格、培养过程、培养方式和评价标准。

应用型大学的出现与发展始于近代欧美国家。19 世纪中期之前，由于接受大学教育的人群主要是有闲阶级，大学的目的更多地集中于理智训练和道德养成，很少关注职业技能人才的培养。19 世纪中后期，为回应产业结构转型和新兴阶级的教育需求，城市大学、专科大学、赠地学院等欧美应用型大学才得以出现。二十世纪六七十年代，为促进经济社会的进一步发展，并实现高等教育从精英到大众的转型，欧洲国家出现了以专业技术教育为主的新型应用型大学，即"应用技术大学"。

中国建设应用型大学，有与欧美国家发展应用型大学相似的原因，即解决人才培养与经济社会发展需求不匹配的问题。中国应用型大学的建设，则是通过"引导部分普通本科高校转型"来推进的。之所以选择"转型普通本科高校"而非新建大学或"升格高职院校"的路径，原因可能有三：一是中国大学的数量已能满足公民的高等教育需求，无须再新建大学；二是高职院校条件不成熟且容易引发新一轮大规模的更名升格竞赛；三是政府希望通过转型部分高校进而引发所有本科高校的组织重构，强化应用型人才培养意识和能力。

2015 年国家《关于引导部分地方普通本科高校向应用型转变的指导意见》的要求，应用型大学的办学思路应该转到服务地方经济社会发展上来，转到产教融合、校企合作上来，转到培养应用型、技术技能型人才上来，转到增强学生就业、创业能力上来，全面提高学校服务区域经济社会发展和创新驱动发展的能力。在教育部 2017 年发布的《教育部关于"十三五"时期高等学校设置工作的意见》中，以人才培养定位为基础，将我国高等教育分为研究型、应用型和职业技能型三大类型。应用型高等学校主要从事服务经济社会发展的本科以上层次应用型人才培养，并从事社会发展与科技应用等方面的研究。依据教育部 2017 年发布的《关于"十三五"时期高等学校设置工作的意见》，应用型大学被明确地界定为与研究型大学、职业技能型院校并列的一类高校。

二、国际经济与贸易专业

国际经济与贸易专业是一门普通高等学校本科专业，于 1998 年首次正式出现于《普通高等学校本科专业目录》中。在最新版的《普通高等学校本科专业目录》（2020 版）中，国际经济与贸易专业在经济学门类（代码：02）中属经济与贸易类（代码：0204），专业代码 020401，基本修业年限为四年，授予经济学学士学位。该专业培养具有深厚的人文底蕴，宽厚的国际经济、商务、法律、管理基础理论和专业技能，通晓国际规则，能够进行跨文化交流，具有创新意识和责任意识，融知识、能力、素质全面协调发展的有理想、有抱负，能从事国际商务经营、管理和研究工作的国际化、复合型高素质专门人才。

三、人才培养方案

人才培养方案是学校落实党和国家关于人才培养总体要求，组织开展教学活动、安排教学任务的规范性文件，是实施人才培养和开展质量评价的基本依据。人才培养方案是人才培养思路的具体再现，是人才培养目标与培养规格具体化、实践化的形式，对于开展教学工作具有重要的指导意义。在具体实施过程中，人才培养方案可能因为环境的变化随时进行调整。它涵盖了教育培养理念、教育培养目标、教育培养方案、教育培养结果评价体系等内容。

人才培养方案应当体现专业教学标准规定的各要素和人才培养的主要环节要求，包括专业名称及代码、入学要求、修业年限、职业面向、培养目标与培养规格、课程设置、学时安排、教学进程总体安排、实施保障、毕业要求等内容，并附教学进程安排表等。学校可根据区域经济社会发展需求、办学特色和专业实际制订专业人才培养方案。

四、人才培养模式

人才培养模式是指在一定的教育思想和教育理论指导下，为实现培养目标而采取的教育教学组织形式和运行方式。它包括培养目标、课程体系、教学方法、实践教学等多个方面。"人才培养模式"是指在一定的现代教育理论、教育思想指导下，按照特定的培养目标和人才规格，以相对稳定的教学内容和课程体系，管理制度和评估方式，实施人才教育的过程的总和。

人才培养模式是高等教育领域的基本问题，有人才培养，就有人才培养的模式。但我国高校、学界及教育行政部门提出并讨论人才培养模式，则是20多年、特别是近几年的事。高校提出"人才培养模式"这一概念最早见于文育林1983年的文章《改革人才培养模式，按学科设置专业》中，其内容是关于如何改革高等工程教育的人才培养模式。之后，也有一些高校和实践工作者继续讨论医学及经济学等各类人才的培养模式及其改革，但都未明晰何为"人才培养模式"，对其内涵的把握较为模糊。由于高等教育实践的需要，理论工作者也逐步开始关注这一问题，并试图界定其内涵。刘明浚于1993年在《大学教育环境论要》中首次对这一概念作出明确界定，提出人才培养模式是指"在一定办学条件下，为实现一定的教育目标而选择或构思的教育教学样式。"教育行政部门首次对"人才培养模式"的内涵做出直接表述，是在1998年教育部下发的文件《关于深化教学改革，培养适应21世纪需要的高质量人才的意见》中，指出"人才培养模式是学校为学生构建的知识、能力、素质结构，以及实现这种结构的方式，它从根本上规定了人才特征并集中地体现了教育思想和教育观念。"

五、国家一流本科专业

国家一流本科专业是指由教育部主导的、旨在推动高等教育质量提升和内涵发展的"双一流"建设中的一流本科专业建设项目。2015年，党中央全面深化改革领导小组审议通过了《统筹推进世界一流大学和一流学科建设总体方案》，提出了"双一流"建设的目标，即加快建成一批世界一流大学和一流学科。这一政策背景为一流本科专业建设提供了方向和指导。教育部随后实施"双万计划"，旨在通过建设一流本科专业和一流课程资源库，推动高等教育教学改革，提高人才培养质量。2019年4月2日，教育部办公厅发布《关于实施一流本科专业建设"双万计划"的通知》（教高厅函〔2019〕18号），教育部决定全面实施"六卓越一拔尖"计划2.0，启动一流本科专业建设"双万计划"。《通知》的主要任务是：2019—2021年，建设10000个左右国家级一流本科专业点和10000个左右省级一流本科专业点。根据《通知》中原则规定，一流本科专业建设"两步走"实施。报送的专业第一步被确定为国家级一流本科专业建设点；教育部组织开展专业认证，通过后再确定为国家级一流本科专业。截至2024年，教育部已经完成了三轮国家级一流本科专业建设点申报遴选工作。

六、应用型本科人才

应用型本科人才是一个相对于学术型（理论型）本科人才而言的概念，主要指的是能将专业知识和所具备的能力应用于所从事的社会实践，主要从事一线生产的技术或专业人才。应用型本科人才在知识结构上不过分强调学科的完整性和系统性，而更注重专业素质、能力的培养。将以学科为导向的学术逻辑体系转变为以专业为导向的技术逻辑体系，学科要服务于专业，理论以适用为度。一般而言，应用型人才具备三方面的特征。一是实践能力强：应用型本科人才较为显著的特点就是他们的实践能力，能够迅速将所学知识应用于实际工作中，解决实际问题。二是创新思维活跃：这类人才通常具有较强的创新思维能力，面对复杂问题时，能从不同角度提出独特的解决方案，具有开拓性和创新性。三是综合素质高：不仅注重专业能力，还注重沟通、协调等综合能力的培养，同时强调职业素养，包括职业道德、责任心、道德感、心理素质、意志品质、身体条件等。

第二节　相关文献回顾

目前，对于应用型本科高校国际经济与贸易专业人才培养模式的研究已取得了一定的成果。以下是对相关研究综述的简要概述。

一、关于人才培养目标的研究

培养目标是整个人才培养模式的出发点，同时还是教学活动的方向标。培养目标在教学实施过程中发挥着承上启下的重要作用，其由人才特征、培养方向、培养规格和要求等组成。

转型发展时期，地方应用型本科院校的人才培养目标是培养应用型人才。与研究型大学不同，应用型本科院校对接地方经济发展来培养应用型人才，更加强调对学生实践能力的培养（陈蕾，2023）。其中具有代表性的说法还有"复合应用型人才"和"综合型人才"。前者主要指的是打破学科专业间的界限，让学生可以学习不同专业、不同领域知识，培养创新思维模式；后者主要关注知识的应用（杨梦蓓，2020）。已有研究首先强调国际经济与贸易专业人才应是综合型与应用型人才，这类人才不仅需要具备扎实的理论基础，还应具备将理论知识应用于实际工作的能力。例如，孙瑞华（2007）指出，国贸专业人才应适应全球化需求，具备国际意识、国际交往能力和国际竞争能力，强调综合职业能力的培养。

随着时代的发展，创新创业能力成为国贸专业人才培养的重要目标。社会对于国际经济与贸易专业人才需求更为迫切的同时，对国贸专业学生的综合素养、创新创业能力等提出了更高要求，这与"双创"背景下社会对高校创新创业教育改革的要求不谋而合。部分研究指出，国贸专业人才应具备创新精神和创业能力，以适应快速变化的市场环境（丁小燕等，2023）。

在全球化的背景下，具备全球视野和跨文化交际能力成为国贸专业人才的重要特质。这一目标要求学生不仅了解国际经贸规则，还要能够适应不同文化背景下的工作环境。国际经济与贸易专业国际化人才培养目标具体包括：第一，国际化经贸人才需要具备良好的道德素质，具备科学的世界观、人生观、价值观以及较强的社会责任感，具有良好的心理品质和健康的体魄。第二，需要具备多方面的能力。第三，国际化经贸人才不仅需要具备扎实的经济学及国际贸易专业知识，还需要拥有国际化的视野，熟知国际准则，了解国外市场运作规则和相关法律法规，掌握最新行业知识，始终站在专业、行业的前沿（洪秋妹，2019）。于丹认为国贸专业的学生在毕业时不仅要具备扎实的理论基础知识，掌握进出口贸易流程，了解国际贸易惯例和各国贸易政策与法规，还应该具有良好的跨文化沟通能力、国际商务拓展能力与创新创业能力（于丹、李静，2021）。

数字经济全面发展，对国际经济与贸易专业人才也提出了具体要求。王唯薇等人指出，数字贸易推动我国外贸进入新业态新模式云集的第四阶段，从而对外经贸人才提出新要求，外贸新业态、新模式的信息化和数字化特点，真正使外贸人才从单一的流程操作向营销、数字和管理等工作一体化转化（王唯薇等，2023）。程杨认为企业需要的是复合型的跨境电商人才，不仅是操作层次的人才，还包括管理层次的人才，因此既要具备扎实的国际贸易知识，又要熟练掌握电子商务技能，熟悉电子商务平台操作，能娴熟地运用英语和电脑网络等工具进行市场开拓和运营（程杨，2019）。谢纬坤指出目前数字贸易发展所需要的外经贸人才可分为高级管理、高级技术、一般技术、普通业务等层次。然而，国际经济与贸易专业人才培养方案缺乏针对社会需求特点进行分层，几乎都是相似的目标定位（谢纬坤，2022）。王唯薇等人研究发现应用型本科层次的国际经济与贸易专业数字人才培养面临两大问题：第一是如何从定位于传统线下外经贸向数字化人才培养转型，解决从无到有的问题；第二是如何确定与本科层次相适应的数字贸易人才培养定位（王唯薇等，2023）。

二、关于人才培养模式的研究

经过对国内学者相关研究的文献梳理，可将国际经济与贸易专业人才培养模式大致纳为应用型、复合型、创新型以及国际化四种类型。

（1）应用型人才培养模式研究，高媛媛针对应用型人才培养的调研发现：当前的人才培养方案和人才培养模式虽然定位于应用型人才培养的目标，但在毕业生应具备的知识结构和能力要求方面并未严格根据培养目标达成度的标准来设计毕业生应达到的能力和要求，从而导致在调研过程中通过对毕业生就业的跟踪调查发现毕业生达到的能力要求与相关行业企业要求存在一定差距，大部分的用人企业普遍反映学生毕业之后从事相关工作仍需对其先进行相关的业务技能培训才可步入工作岗位，反映出目前的人才培养模式并没有很好地与行业企业的要求相匹配和吻合（高媛媛，2019）。卢泽回等人（2018）结合地方本科院校人才培养定位，借鉴DNA"双螺旋"结构模型，对应用型人才培养模式提出"重理论、强实训"齐头并进的双重强化思路。袁永友、王云（2020）分析了本科院校国际贸易专业实验班的办学模式，并结合当前"一带一路"发展实际，指出应当借助新文科建设的契机培养符合市场需求的应用型人才。

（2）复合型人才培养模式研究，郭昆、柴梦（2017）研究指出，通过实施"专业＋语言"的国际化人才培养模式，国际经济与贸易专业人才培养将进一步实现专业和语言的整合优化，实现国际经济与贸易专业国际化、外向型教育改革和发展的新路子，可为地方高校构建"以学生能力形成为核心"的"专业＋语言"课程教学体系明确方向，进一步提升国贸专业学生的专业技能，使其更适应社会的要求。

（3）创新型人才培养模式研究，李艳（2013）基于"研究型、应用型、技能型"三型合一的人才培养目标，提出"教学与科研相融合、理论与实践相融合、基础课与专业课相融合、中文与英语相融合"的四融合创新型人才培养模式。西安欧亚学院的物流贸易学院创新实践性人才培养模式，已经与"阿里巴巴""顺丰速运""百度"等知名企业进行合作，尝试订单式、定制式、企业服务等多种合作模式，将企业实践引入培养过程（程杨，2019）。

（4）国际化人才培养模式研究，此种模式强调国贸专业人才培养的国际化，在培养中应适当将文化类课程纳入国际化人才的培养体系，要求国际化人才能够了解本土文化以及世界文化。作为国家形象代表的国际化人才，要做到正确看待自我和他者，必须将沟通建立在熟知双方基本国情的基础之上。在具体操作上，国际经济与贸易专业学生必须修读一门文化艺术类课程，从而加强学生的人文素养（洪秋妹，2019）。

三、关于课程体系的研究

课程体系是人才培养模式的重要组成部分。高校的专业课程体系设计是一项复杂的系统工程，其逻辑起点是学生的发展需要，是由专业的培养目标、毕业要求决定，同时要充分考虑学生认知方式与认知习惯。应用型人才培养的共识是应构建以能力培养为核心的课程体系，加强实践教学环节，提高学生的实际操作能力。同时，应注重课程内容的更新和整合，以适应国际经贸环境的变化和行业发展的需求。此外，还应加强课程之间的联系和衔接，形成系统化的课程体系。

高媛媛通过对具体的课程设置研究分析发现，针对专业基础能力和专业核心能力的培养设置的课程能够很好地满足对学生知识能力的培养要求，但针对专业拓展能力和实践及创新能力训练所开设的课程和操作项目在全面培养学生的业务能力要求方面存在着一定问题，主要表现为设置的专业方向课程及创新创业课程更侧重于某一方面能力的培养和训练，不能够实现全面提升和锻炼学生的专业业务水平和能力。通过对当前笔者所在高校的国贸专业的课程体系运行情况进行分析之后发现，当前课程设置与培养目标达成度存在一定程度的脱节，主要表现为总体课程设置并不能符合培养目标达成度的要求（高媛媛，2019）。杨文芳的研究也发现此类问题，很多专业人才培养目标不是基于社会现实需求出发，而是依据学科课程知识体系，制定本专业人才培养的知识、能力、素质结构，意在将学生培养成研究型人才，忽略了实践能力培养，脱离了市场对国际贸易从业人员基本应用能力的需求（杨文芳、张旭，2023）。针对此问题，基于产出导向的 OBE 理念给出了具体解决办法，OBE 的核心理念是目标导向、以学生为中心、持续改进，实际操作中最重要的是根据培养目标反向设计课程体系和课程内容，在课后对学生实际达到的课程目标、毕业要求和培养目标的达成度情况进行评价，针对评价进行分析，再反馈持续改进课程体系课程内容（杨文芳、张旭，2023）。

此外，洪秋妹还在研究中提出了针对国际化人才的课程体系，指出国际化经贸人才的课程群设置可以分为经济类课程群、实践性课程群和语言类课程群。经济类课程群要求学生具备扎实的专业知识和理论内容，实践性课程群能够把国际经贸人才和市场需求结合起来，语言类课程群能够使国际经贸人才具备良好的沟通能力和合作能力（洪秋妹，2019）。鉴于电子商务爆发性增长对国际贸易带来的影响，很多院校也开始采取措施把此变化反映在人才培养体系之中，有的是在人才培养方案中直接增加有关跨境电子商务的课程，有的院校开始考虑增设新的专业或者是方向，不管采取哪一种方式，都是为了培养出适应市场需求的高素质应用型人才（程杨，2019）。

四、关于实践教学的研究

实践教学是应用型本科高校国际经济与贸易专业人才培养的关键环节。实践教学是让学生进一步巩固和理解理论知识的有效方法，通过实践教学让学生自己去发现问题、探索问题和解决问题，达到学以致用、理论联系实践、提高各方面能力和掌握科学方法的目的，也是培养应用型和复合型人才的重要途径。应用型高校普遍重视实践教学，也基于自身特点探索出了各具特色实践教学体系。但是，当前实践教学普遍存在以下问题：一是实践教学的具体设置不规范。实践教学中，大部分高校会因为没有实训基地等问题而并没有开展，而且各高校的实验实训课程大都笼统。另外，各高校的社会实践内容都较单一，社会实践包括生产劳动、社会调查、志愿服务、勤工俭学和创新创业大赛等，各高校最多的也就包含了上述两个方面的内容（严双，2019）。二是产教融合还不够完善，形式和内容大多浮于表面。虽然校企合作等形式已经在大多数院校开展，但仍然存在人才培养和行业需求"两张皮"的现象。企业和高校在合作理念、合作形式和合作具体内容上依然存在着较大的分歧（陈蕾，2023）。针对此类问题，各个学校都在探索改进。韶关学院利用电子商务发展的虚拟性和易于操作性，与"珠三角"地区的跨境电商企业合作，采用联合培养 + 项目制实战的方式，在一定程度上解决人才培养在实践教学方面的困难（程杨，2019）。

五、关于师资队伍的研究

师资队伍是影响人才培养质量的重要因素。陈蕾的研究发现：一些应用型本科院校的专业教师普遍缺乏专业实践能力，他们一般毕业后便进入高校教书，没有实际的企业工作经历，缺乏外贸实践能力。"双师型"教师缺乏，具备交叉学科教学能力的教师数量更少，难以适应新文科建设的需要（陈蕾，2023）。谢廷宇对广西高校研究也发现此类问题，教师队伍的结构性问题较为突出，职称结构、年龄结构、学历结构亟待改善，同时新进教师基本要求都是博士，往往缺乏实践经验和实务教学的技能及知识，难以满足应用型人才培养的目标。其中比较明显的问题就是"双师双能型"教师的培养明显滞后，教师队伍建设的基本指导思想依然是学术科研为王，一定程度上制约了具有丰富实践经验的人难以走上学校的教学岗位（谢廷宇、李琪，2019）。谢纬坤对数字经济时代教师队伍的分析发现，由于数字贸易属于国际贸易的新兴领域，高校具有数字贸易相关背景的教师力量明显不足。在高校国际经济与贸易专业课程的授课教师中，大多数都是刚毕业的年轻教师，或者毕业之后直接从事教学工作的。由于这些教师极少有机会直接参与和观察到真实数字贸易产业的交易过程，他们对数字贸易的认识更多是通过间接的数据资料，以及自己的反思与总结，导致教师在课堂教学中以理论教授为主，缺乏实践经验分享（谢纬坤，2022）。针对师资队伍的应用能力弱等问题，一方面可以通过校企合作平台对教师进行培训，促使教师通过去企业挂职锻炼等形式提高自身的实践能力与教学能力，同时加大"双师型"教师的引进力度；另一方面可以打破院系、学科壁垒，跨学院组建教学团队，引导不同专业教师相互学习，培养适应新文科发展的教师队伍（陈蕾，2023）。

综上所述，相关研究主要集中在人才培养目标、课程体系、实践教学和师资队伍等方面。这些研究为进一步优化和创新应用型本科高校国际经济与贸易专业人才培养模式提供了有益的参考和借鉴。然而，仍需进一步加强对人才培养模式的系统性和综合性研究，以提高我国应用型本科高校国际经济与贸易专业的人才培养质量。

第三节 本章小结

首先对相关概念进行了界定，明确了应用型本科高校、国际经济与贸易专业、人才培养方案、人才培养模式、一流本科专业以及应用型本科人才等核心概念的内涵与特点。应用型本科高校作为高等教育的一种新类型，以培养应用型人才为目标，具有独特的人才培养目标、培养规格和评价标准。国际经济与贸易专业作为普通高等学校本科专业，旨在培养具有深厚人文底蕴、宽厚国际经济与管理基础理论及专业技能的国际化、复合型高素质专门人才。人才培养方案是实施人才培养的基本依据，而人才培养模式则是实现培养目标的教育教学组织形式和运行方式。

接着，对应用型本科高校国际经济与贸易专业人才培养模式的相关文献进行了回顾。研究发现，当前对于该专业人才培养模式的研究主要集中在人才培养目标、人才培养模式本身、课程体系、实践教学和师资队伍等方面。在人才培养目标上，强调培养具备实践能力、创新思维和综合素质的应用型、复合型、创新型及国际化人才，并适应数字经济时代的新要求。在人才培养模式上，探索了应用型、复合型、创新型及国际化等多种模式。在课程体系上，强调以能力培养为核心，加强实践教学环节，并适应国际经贸环境的变化。在实践教学方面，指出了当前存在的问题并提出了改进措施。在师资队伍上，关注了教师专业实践能力不足的问题，并提出了相应的解决策略。

综上所述，本章通过相关概念的界定和文献的回顾，为后续深入研究应用型本科高校国际经济与贸易专业人才培养模式的优化与创新提供了理论基础和研究背景。然而，仍需进一步加强对人才培养模式的系统性和综合性研究，以提高该专业的人才培养质量。

第三章

应用型本科高校国际经济与贸易专业人才培养现状分析

第一节　国际经济与贸易专业发展历史

国际经济与贸易专业是一个涉及国际贸易、国际金融、国际商务和国际法等课程的综合性专业，是近年来备受关注的热门专业之一。随着世界各国经济活动的日益密切，国家间经济往来逐渐增多，各国的教育机构越来越注重培养本国的国际经济人才，国际经济与贸易专业也就应运而生。

国外并没有专门的国际经济与贸易专业，大都是经济学专业下的分支专业国际经济学或者商科分支下的国际商务，一般称作 International Business。国际商务专业是交叉了管理学、经济学、法学等多学科的新兴学科，国外尤其是美国的国际商务专业产生较早，在 19 世纪末 20 世纪初，大学纷纷建立商业学院（School of Commerce），后来演变为商学院（School of Business）。宾夕法尼亚大学的沃顿商学院（Wharton School of Business）被认为是美国第一所大学商学院，建立于 1881 年，目前美国本土有近千所商学院。

国内国际经济与贸易专业的历史可以追溯到 20 世纪 50 年代新中国成立初期。当时，国家为了发展对外经济贸易，开始邀请一些国际贸易和外交专家来协助建立和实施国际贸易政策。

20 世纪 50 年代末期，中国开始接触国际贸易，随着对外经贸交流的不断扩大，对国际经贸人才的需求日益增长。这时，中国开始成立相关专业院校，如北京对外贸易专科学校（现对外经济贸易大学）、上海对外贸易学院（现上海对外经贸大学）等。1954 年，中国人民大学贸易系"对外贸易"专业并入北京对外贸易专科学校，成立北京对外贸易学院，开设了中国的第一个国际经济与贸易专业，同时也是中国最早提供相关课程的高等院校之一。

在 20 世纪 70 年代末 80 年代初，中国开始对外开放。邓小平同志提出"发展对外经济，增强综合国力"的重要命题，成为中国对外经济贸易事业发展的重要经验和理论支持。20 世纪 80 年代中期，中国正在全力发展对外贸易，需要一大批具有国际化视野、掌握国际贸易规则、熟悉国际贸易环境的专业人才来协助国家的对外经贸事业。为了适应国际对中国贸易的新要求和新形势，国家加速了国际贸易专业人才的培养和推广，在全国的高等院校和职业学校都建立了该专业课程，一些高校陆续开设了国际经济、国际商务、工业外贸等专业，国际经济与贸易类专业是中国改革开放以来最活跃、最引人注目的经济类专业，这也促进了中国的国际贸易水平的进一步提高。

在20世纪90年代初期，中国进一步加大了对外经贸合作力度，出台了一系列更为开放的经济政策，加速了国际经贸事业的发展。同时，由于各国之间的贸易战争等不稳定因素，中国不得不加速国际经济与贸易专业人才培养力度，开始积极吸引来自国外、具有丰富国际化经验和背景的专业人才，从而提高中国的国际贸易水平。1998年，在中华人民共和国教育部发布的《普通高等学校本科专业目录新旧专业对照表》中，国际经济与贸易专业（020102）由国际经济（020106）、国际贸易（020113）、国际商务（020215W）和工业外贸（082204）四个专业合并而来。

随着中国加入WTO，国内市场与国际市场的进一步接轨，迫切需要一批具有坚实的国际经济与贸易理论基础、熟悉国际贸易实务、熟练掌握外语的专业人才，一时间各地高校纷纷开设了国际经济与贸易专业。此外，为了适应市场需求和产业升级，国际经济与贸易专业开始向金融工程、国际商务、国际金融、国际法和国际市场营销等多领域拓展和发展，满足市场需要。

2010年以来，中国积极推进共建"一带一路"，深化与沿线国家的贸易合作。在此背景下，国际经济与贸易专业得到进一步发展，因为共建"一带一路"需要大量的跨文化的经营管理和跨国合作的专业人才。从2010年之后，这个专业也开始向国际商务、跨境电商、国际物流等新兴领域拓展，以适应新的国际贸易形势。2012年，在教育部发布的《普通高等学校本科专业目录新旧专业对照表》中，国际经济与贸易专业代码由020102调整为020401，一直沿用至今。

中国大学排行榜官网（CNUR）正式发布了2024年ABC中国大学国际经济与贸易专业排名及评级。结果显示，截至2023年，全国开设国际经济与贸易专业的本科院校共713所，B类及以上院校357所。上榜院校中有137个专业点进入国家级一流本科专业建设点，有142个专业点进入省级一流本科专业建设点。这些高校分布于不同层次，既有北京大学、厦门大学等高水平大学，也有铜陵学院、邢台学院等地方本科院校；分布于不同的类型，主要包括综合类院校、财经类院校、理工类院校、语言类院校、师范类院校以及农林类等其他院校。这些高校通过各自的教学和科研优势，培养出具备国际经济与贸易专业知识和技能的人才。

总之，国际经济与贸易专业在经历多年的发展过程中，不断适应国内外市场、经济和产业的变化和需求，不断拓展和深化其研究内容和领域，其培养的人才也逐渐成为中国对外经贸事业的中坚力量，为推动中国的经济发展做出了重要贡献。

第二节　应用型本科高校国际经济与贸易专业现状

目前，教育界、学界并没有对应用型本科高校有一个严格界定。从时间脉络来看，2000 年以来新建本科院校，多数可以归入应用型本科院校序列。根据阳光高考网的统计数据，截至 2021 年，开设国际经济与贸易专业的应用型本科高校为 414 所，占总开设院校的比重为 57.8%。这些学校在全国各个省份都有分布，但是更多地聚集在中东部地区。例如，广东省有 38 所，江苏省有 32 所，浙江、湖北、湖南，以及河南省开设国际经济与贸易专业的应用型高校数量都超过了 30 所。

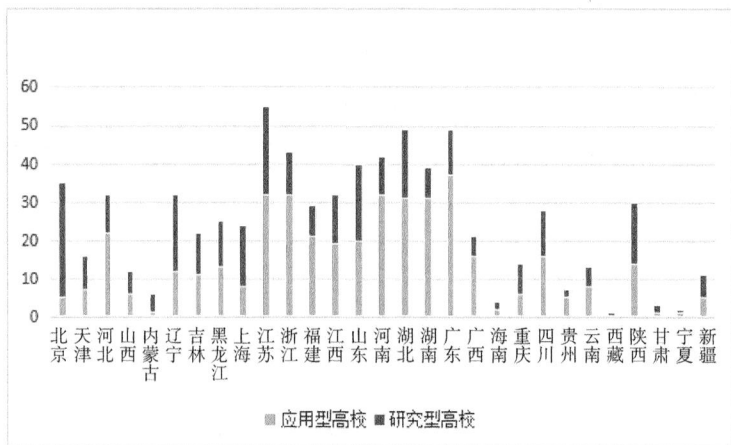

图 3-1　开设国际经济与贸易专业本科高校分布（2021）

进一步来看，开设国际经济与贸易专业的应用型本科高校，基于办学的行业背景、区域优势，以及对于应用型人才理解，展开了各自的探索和实践，取得了一定的办学成绩。根据 2023 年校友会应用型高校国际经济与贸易专业排名表（见表 3-1），应用型高校排名前 20 位的高校中获批国家级一流本科专业建设点高校 12 所，省级 7 所；前 50% 的高校中还有很大一部分比例的高校至少是省级一流本科专业建设点。

表 3-1 2023 年校友会应用型高校国际经济与贸易专业排名（节选）

序号	学校	档次	类型	地区	专业建设点情况
1	广西财经学院	A++	公办、财经类	广西壮族自治区	国家级一流本科专业建设点
2	长春财经学院	A++	民办、财经类	吉林省	国家级一流本科专业建设点
3	福州外语外贸学院	A++	民办、财经类	福建省	国家级一流本科专业建设点
4	湖南财政经济学院	A++	公办、财经类	湖南省	国家级一流本科专业建设点
5	上海立信会计金融学院	A++	公办、财经类	上海市	国家级一流本科专业建设点
6	上海商学院	A++	公办、财经类	上海市	国家级一流本科专业建设点
7	浙江万里学院	A++	公办、综合类	浙江省	国家级一流本科专业建设点
8	合肥学院	A+	公办、综合类	安徽省	省级一流本科专业建设点
9	湖南文理学院	A+	公办、综合类	湖南省	省级一流本科专业建设点
10	怀化学院	A+	公办、综合类	湖南省	国家级一流本科专业建设点
11	江苏理工学院	A+	公办、理工类	江苏省	省级一流本科专业建设点
12	九江学院	A+	公办、综合类	江西省	省级一流本科专业建设点
13	辽宁对外经贸学院	A+	民办、财经类	辽宁省	国家级一流本科专业建设点
14	铜陵学院	A+	公办、综合类	安徽省	国家级一流本科专业建设点
15	邢台学院	A+	公办、综合类	河北省	国家级一流本科专业建设点
16	重庆科技大学	A+	公办、理工类	重庆市	国家级一流本科专业建设点

续表 3-1

序号	学校	档次	类型	地区	专业建设点情况
17	巢湖学院	A+	公办、综合类	安徽省	省级一流本科专业建设点
18	广东金融学院	A+	公办、财经类	广东省	省级一流本科专业建设点
19	广东科技学院	A+	民办、理工类	广东省	省级一流本科专业建设点
20	广州城市理工学院	A+	民办、理工类	广东省	--

第三节   应用型本科高校国际经济与贸易专业特点

一、注重实践能力的培养

应用型本科高校国际经济与贸易专业确实非常注重实践能力的培养，这种注重实践的教学理念旨在培养能够迅速适应市场需求、具备实际操作能力的高素质应用型人才。为了实现实践能力目标，应用型本科高校通常会采取多种途径来加强学生的实践能力培养。一是课程设置，注重理论与实践相结合，开设大量与国际贸易实务、电子商务、国际商务谈判等相关的实践课程。例如，武汉工商学院的国际经济与贸易专业就设置了国际贸易实务、国际商务单证、报关实务、外贸跟单实务等实践课程。二是注重实践教学，通过模拟实训、案例分析、项目驱动等方式，让学生在模拟或真实的商务环境中进行实践操作。例如，湖南理工学院经济与管理学院就构建了"理论学习＋行业企业实践＋理论提升"的集成化、反馈式课程体系，注重课外实践环节。三是注重校企合作，与外贸企业、电子商务企业等建立合作关系，为学生提供实习实训机会，让学生亲身体验职场环境，提升实践能力。四是注重技能竞赛，鼓励学生参加各种专业技能竞赛，如国际贸易技能大赛、跨境电商创新创业大赛等，通过竞赛提升学生的实践能力和创新能力。

二、强调跨学科交叉

应用型本科高校国际经济与贸易专业确实强调跨学科交叉，这一趋势不仅符合当前学科发展的主流方向，也是培养复合型创新人才的重要途径。

一是为了适应市场需求，随着全球经济的不断发展，国际贸易领域对人才的需求也在不断变化。企业越来越需要那些既懂国际贸易又具备其他领域知识（如金融、法律、信息技术等）的复合型人才。因此，国际经济与贸易专业强调跨学科交叉，旨在培养能够适应市场需求的高素质人才。二是为了提升专业素养，跨学科交叉有助于学生拓宽知识面，提升专业素养。通过学习其他领域的知识，学生可以更全面地理解国际贸易的复杂性和多样性，从而更好地应对实际工作中的挑战。三是能够促进培养创新思维：跨学科交叉有助于激发学生的创新思维。不同学科的知识和方法可以相互借鉴和融合，从而产生新的观点和思路。这种创新思维对于解决国际贸易领域中的实际问题具有重要意义。

三、学历教育与职业资格教育相结合

应用型本科高校国际经济与贸易专业在人才培养过程中，往往将学历教育与职业资格教育紧密结合，旨在培养既具备扎实的理论基础，又拥有实际操作能力和职业认证的应用型人才。这种教育模式符合当前社会对复合型人才的需求，也为学生未来的职业发展提供了更多可能。许多应用型本科高校国际经济与贸易专业在学历教育与职业资格教育相结合方面取得了显著成效。例如，一些高校与外贸企业、行业协会等建立了紧密的合作关系，共同开发课程和实践教学项目，为学生提供丰富的实践机会和职业认证渠道。这些高校的学生在毕业后往往能够迅速适应市场需求，成为企业青睐的复合型人才。

以上特点使得应用型本科高校国际经济与贸易专业能够更好地适应市场需求，培养出既有理论知识又有实践经验的高素质人才。

第四节　应用型本科高校国际经济与贸易专业人才培养中存在的问题

一、专业基础薄弱

在国贸专业本科的课程设置中，我们不难发现，应用型和理论型课程

占据了相当大的比重。这些课程虽然在一定程度上为学生提供了广泛的知识面和多样的学习体验，但也在无形中分散了学生的精力，使得他们在专业理论基础的建设上显得相对薄弱。国贸专业作为一个涉及经济学、管理学、法学等多学科的综合性专业，其理论体系的深度和广度都要求学生有扎实的专业基础作为支撑。然而，当前课程设置中过于泛滥的应用型课程和一些偏离核心理论的理论型课程，使得学生在专业理论的学习上缺乏系统性和深入性。他们可能掌握了大量的碎片化知识，但难以形成完整、系统的专业理论框架，这在后续的专业发展和职业生涯中无疑是一大隐患。

二、实践能力不足

为了弥补理论学习的不足，学校为国贸专业的学生设置了相关的实习实训环节。然而，这些实践环节的设置与实际需求之间却存在着较大的出入。一方面，实践内容往往过于单一和简单，难以涵盖国际贸易业务的全部流程和复杂环节。学生在实习过程中可能只是接触到了一些基础性的工作，如单据制作、数据录入等，而缺乏对国际贸易策略制定、市场分析、风险管理等高层次实践活动的参与。另一方面，实践环境的模拟性和局限性也使得学生难以真正体验到国际市场的复杂多变。学校提供的实践平台往往难以完全复制真实的市场环境，学生在实践中可能无法遇到和处理一些实际业务中常见的问题和挑战。因此，当学生毕业后进入国际市场时，他们往往会感到力不从心，难以迅速适应和应对复杂多变的国际贸易环境。

三、教学方式传统与考核评价单一

国贸专业的教学方式在很大程度上仍然以课堂教学为主，且其教学方法相对保守，未能与时俱进。在课堂上，教师们往往采用"填鸭式"或"说教式"的教学方式，单向地向学生灌输知识，而学生则被动地接受。这种传统的教学方式强调知识的传授，却忽视了学生在学习过程中的主体性和能动性，导致教师与学生之间缺乏有效的互动和交流。在这种教学环境下，学生的思维能力、应用能力以及创新能力难以得到充分的培养和锻炼。学生只是机械地记忆和复述课本上的知识，而缺乏将知识转化为实际解决问题的能力，这对于国贸专业这样实践性极强的学科来说，无疑是一个巨大的缺陷。同时，考核评价方面，国贸专业要求学生不仅具备扎实的理论基础，更需要具备将理论知识应用于实际工作中的能力。然而，当前的考核评价体系过于侧重理论知识的考查，忽视了对学生实践能力的评估，这导致学生在学习过程中过于注重应试技巧，而忽视了实践能力的培养和提升。

四、国际化视野窄

大多数国贸专业的本科学生，在学术学习和日常接触中，对国际形势的了解往往比较局限。他们可能主要依赖于课本上的知识和课堂上的讲解，而这些内容往往难以全面、深入地反映国际市场的真实情况。由于缺乏对全球经济动态、国际贸易政策、跨国企业文化等方面的深入了解，学生们在毕业后面临职业选择时，往往感到迷茫和困惑。他们难以准确判断哪些职业岗位适合自己的专业背景和兴趣特长，也难以在国际贸易的广阔天地中找到自己的定位。这种国际化视野的狭窄，不仅限制了学生们的职业发展空间，也给他们在未来的国际贸易工作中带来了诸多不确定性和挑战。

五、语言能力有限

国贸专业作为一个与国际市场紧密相连的专业，对语言能力的要求极高。无论是英语、法语、西班牙语还是其他小语种，都是国贸专业学生必须掌握的工具。然而，目前大多数学生的语言能力却相对有限。他们在听说读写等方面都存在不同程度的欠缺，难以达到国际贸易行业对语言能力的较高要求。这种语言能力的不足，成为学生们进入国际贸易行业的一大障碍。在面试过程中，语言能力的不佳可能让他们失去宝贵的就业机会；在工作中，语言沟通的不畅可能影响他们的业务表现和团队合作。因此，提升语言能力，对于国贸专业的学生来说，是至关重要的一项任务。只有掌握了足够的语言能力，他们才能在国际贸易的舞台上展翅飞翔，实现自己的职业梦想。

六、实训实践效果不理想

国贸专业技能的培训，其核心目的在于满足企业日益增长的对专业化、实战化人才的需求。然而，在当前的教育体系中，学生在校内所获得的实际操作机会却显得相当有限。尽管高校和职业教育机构努力通过模拟实训、案例分析等方式来提升学生的实践能力，但这些往往难以完全复制真实职场环境的复杂性和多变性，使得学生在校内的学习体验与实际工作需求之间存在一定的脱节。此外，校外实习作为连接校园与职场的桥梁，本应是学生获取实战经验、提升专业技能的重要途径。但在实际操作中，由于实习岗位有限、实习内容单一、企业出于商业机密考虑不愿让学生接触核心业务等原因，许多学生在校外实习过程中也难以学到真正实用的操作技能。有些实习甚至变成了简单的打杂工作，缺乏系统性和针对性的培训，导致实习经历对提升学生专业技能的帮助有限。

七、课程体系设置不合理

高校国贸专业人才培养定位目前存在着比较模糊的问题，与社会实际需求之间存在着明显的冲突。这种冲突主要体现在人才培养的目标与市场需求的不匹配上。国贸专业作为连接国内外市场的桥梁，其人才培养本应紧密围绕市场需求进行，然而现实中，高校的人才培养定位往往过于宽泛，缺乏针对性和实用性，导致毕业生在就业市场上难以找到适合自己的职业岗位。在课程设置方面，也存在着不合理的问题。理论性课程的课时远远超过了实践性课程，这种课程设置方式不仅提不起学生的兴趣，也难以满足社会对人才的需求。理论性课程固然重要，但过度强调理论而忽视实践，会导致学生知识与技能的脱节。学生虽然掌握了大量的理论知识，但缺乏将其应用于实际工作中的能力，这使得他们在就业市场上缺乏竞争力。

第五节 应用型本科高校国际经济与贸易专业的机遇与挑战

应用型本科高校在国际经济与贸易专业人才培养方面，既迎来了诸多机遇，也面临着一些挑战。以下是对这些机遇和挑战的详细分析。

一、机遇

（一）全球化与经济一体化的深入发展

随着全球化进程的不断加快和经济一体化的深入发展，世界各国的经济联系日益紧密，国际贸易活动也呈现出日益频繁和活跃的态势。这一趋势不仅促进了全球资源的优化配置和经济的共同发展，还为国际经济与贸易专业人才提供了前所未有的广阔就业前景和发展空间。

在全球化的大背景下，国际贸易的领域不断拓展，贸易方式也不断创新。传统的货物贸易、服务贸易与新兴的跨境电商、数字贸易等相互交融，形成了多元化、复杂化的国际贸易格局。这要求国际经济与贸易专业人才不仅要具备扎实的专业知识和技能，还要能够紧跟时代步伐，不断适应国际贸易的新变化、新要求。

应用型本科高校作为培养高素质国贸人才的重要阵地，可以借此机遇，充分发挥自身的教育优势和创新潜力。高校应加强与国际市场的联系，积极引进国际先进的教育理念和教学资源，不断更新和完善国际经济与贸易专业的课程体系和教学内容。同时，高校还应注重培养学生的国际视野和跨文化交流能力，使他们能够具备在全球化的经济环境中进行国际合作与交流的能力。

为了实现这一目标，应用型本科高校可以采取多种措施。例如，可以加强与国外高校和企业的合作与交流，为学生提供更多的国际学习和实习机会；可以邀请国际知名专家和学者来校讲学，拓宽学生的国际视野；还可以组织学生参与国际贸易相关的实践活动和竞赛，锻炼他们的实践能力和创新思维。

通过这些举措，应用型本科高校能够培养出既具备扎实专业知识和技能，又具有国际视野和跨文化交流能力的国贸专业人才。这些人才将能够在全球化的经济舞台上展现自己的才华和实力，为国际贸易的繁荣与发展做出积极的贡献。同时，他们也将成为推动我国经济高质量发展、参与全球经济治理的重要力量。

（二）新兴贸易模式的兴起

随着跨境电商、数字贸易等新兴贸易模式的蓬勃兴起，国际经济与贸易领域正经历着前所未有的变革与发展。这些新兴贸易模式以其独特的运作方式和灵活的交易机制，为国际贸易注入了新的活力，同时也对国贸专业人才的培养提出了更高、更全面的要求。

跨境电商作为国际贸易的新业态，其运营模式、营销策略、支付方式以及物流配送等方面都与传统贸易有着显著的区别。这就要求国贸专业人才不仅要具备扎实的国际贸易理论知识，还要熟悉跨境电商平台的操作流程、了解跨境电商的市场规则和法律法规，掌握跨境电商的营销策略和数据分析技能。而市场采购贸易则强调快速响应市场需求、灵活组织货源和高效通关，这也对国贸专业人才的敏锐的市场洞察力、供应链管理能力和通关实务操作能力提出了更高的要求。

面对这些新兴贸易模式对国贸专业人才的新要求，应用型本科高校作为培养高素质国贸人才的重要基地，必须紧跟行业发展趋势，积极调整课程设置和教学内容，以满足市场对人才的需求。

高校可以增设跨境电商运营、国际贸易新规则、供应链管理、通关实务等相关课程，使学生能够系统地学习和掌握新兴贸易模式所需的专业知识和技能。同时，高校还可以邀请行业专家和企业精英来校授课，分享他们的实战经验和行业洞察，帮助学生更好地了解行业动态和发展趋势。

此外，高校还应加强与国际贸易相关的实践教学环节，如组织学生参与跨境电商平台的实际操作、市场采购贸易的模拟实训等，提高学生的实践能力和创新思维。通过与企业合作建立实习基地，学生可亲身体验国际贸易的实际操作流程，增强自己的职业素养和实践经验。

总之，应用型本科高校应紧跟新兴贸易模式的发展步伐，不断调整和优化国际经济与贸易专业的课程设置和教学内容，培养出既具备扎实理论知识，又熟悉新兴贸易模式运营规则和实操技能的国贸专业人才。这些人才将能够适应国际贸易的新变化、新要求，为推动我国国际贸易的繁荣发展做出积极贡献。

（三）国家政策支持

国家对国际贸易和对外开放的高度重视，为国际经济与贸易专业的人才培养提供了坚强有力的政策支持。随着全球化的深入发展和经济一体化的不断推进，国际贸易作为连接各国经济的重要纽带，其地位和作用日益凸显。为了进一步提升我国在国际贸易中的竞争力和影响力，政府高度重视国际贸易人才的培养和发展，出台了一系列鼓励国际贸易和对外开放的政策措施。

这些政策措施涵盖了国际贸易的各个方面，从贸易便利化、关税优惠、外资准入到跨境电商、服务贸易等新兴领域的支持，为国贸专业人才的培养和发展提供了广阔的空间和机遇。政府通过优化贸易环境，降低贸易成本，提高贸易效率，为国际贸易企业创造了更加良好的经营条件，也为国贸专业人才提供了更多的就业和发展机会。

同时，政府还加大了对国际贸易教育的投入和支持。一方面，鼓励高校开设与国际贸易相关的专业课程，加强国际贸易理论的教学和研究；另一方面，积极推动校企合作，建立实习实训基地，为国贸专业人才提供实践锻炼的平台。此外，政府还通过设立奖学金、提供留学机会等方式，鼓励和支持国贸专业人才深造和拓宽国际视野。

这些政策措施的出台和实施，为国贸专业人才的培养和发展创造了良好的政策环境。在这样的环境下，国贸专业人才不仅能够接受到系统的专业教育和实践锻炼，还能够享受到政府提供的各种优惠政策和支持措施。这将有助于激发国贸专业人才的创新精神和创业热情，推动他们在国际贸易领域取得更加辉煌的成就。

总之，国家对国际贸易和对外开放的高度重视，以及政府出台的一系列鼓励政策，为国贸专业人才的培养和发展提供了有力的政策保障和良好的发展环境。相信在政府的支持和社会的共同努力下，我国国贸专业人才的培养质量将不断提升，为推动我国国际贸易的繁荣发展做出更大的贡献。

（四）企业需求多样化

随着国际贸易环境的日益复杂多变和企业需求的日益多样化，应用型本科高校在国际经济与贸易专业的人才培养上面临着新的挑战和机遇。国际贸易环境的快速变化，包括贸易保护主义的抬头、全球供应链的重组、数字贸易的兴起等，都对国贸专业人才的知识结构和技能要求提出了新的挑战。同时，企业对于国贸专业人才的需求也在不断变化，从传统的进出口业务操作、国际贸易法律法规的掌握，扩展到跨境电商运营、国际物流管理、国际贸易金融等多个领域。

为了适应这种变化，应用型本科高校可以根据市场需求灵活调整人才培养方向，确保所培养的国贸专业人才能够满足企业的多样化需求。在跨境电商领域，高校可以加强电子商务平台运营、网络营销策略、跨境电商法律法规等方面的教学，培养学生的跨境电商实战能力。通过课程设置、实践教学、校企合作等多种方式，使学生熟悉跨境电商的运作模式，掌握跨境电商平台的操作技巧，具备跨境电商业务的开拓和管理能力。

在国际物流方面，高校可以注重物流管理系统、国际货运代理、供应链优化等课程的教学，提升学生的国际物流运作和管理能力。高校通过与企业合作，建立国际物流实训基地，让学生亲身体验国际物流的实际操作流程，了解国际物流的复杂性和挑战性，从而培养出既懂理论又懂实践的国际物流专业人才。

在国际贸易金融领域，高校可以加强国际金融市场分析、国际贸易融资、汇率风险管理等方面的教学，培养学生的国际贸易金融分析和决策能力。通过引入行业专家举办讲座、组织学生参与国际贸易金融项目的实践等方式，学生可了解国际贸易金融的最新动态和发展趋势，掌握国际贸易金融的实务操作技能。

总之，应用型本科高校应根据国际贸易环境的变化和企业需求的多样化，灵活调整国际经济与贸易专业的人才培养方向。通过加强跨境电商、国际物流、国际贸易金融等领域的教学和实践，高校可培养出既具备扎实理论知识又具备实践能力的国贸专业人才。这些人才将能够适应国际贸易的新变化、新要求，满足企业对国贸专业人才的多样化需求，为推动我国国际贸易的繁荣发展做出积极贡献。

二、挑战

（一）行业快速发展与知识更新迅速

国际经济与贸易行业正以前所未有的速度快速发展，其知识体系和技术手段日新月异，这对应用型本科高校的人才培养工作提出了更高、更迫切的要求。随着全球化的深入和科技的进步，国际贸易的形态和模式不断创新，从传统的货物贸易到服务贸易，再到新兴的跨境电商、数字贸易等，每一个领域的变革都伴随着大量新知识的涌现。高校作为人才培养的摇篮，必须紧跟行业发展的步伐，敏锐捕捉市场动态，不断更新教学内容和教学方法，确保学生所学知识与行业实际需求紧密相连，避免理论与实践脱节。这就要求高校建立灵活的教学机制，定期修订课程大纲，引入行业前沿案例，采用现代化的教学手段，如在线课程、虚拟仿真实验等，以提升学生的专业素养和适应能力。

（二）实践教学资源不足

实践教学是培养国际经济与贸易专业人才不可或缺的一环，它对于学生将理论知识转化为实际操作能力、增强创新意识和解决问题能力至关重要。然而，应用型本科高校在实践教学资源方面普遍面临不足的问题。一方面，实习实训基地的建设滞后，难以满足大量学生进行实践学习的需求。许多高校缺乏与国际贸易企业深度合作的渠道，导致学生难以接触到真实的业务环境，实践机会有限。另一方面，实践教学设施落后，无法适应现代国际贸易业务对技术设备的要求。缺乏先进的贸易模拟软件、国际物流实验室、跨境电商操作平台等，限制了学生实践技能的提升。因此，高校需要加大投入，加强与企业、行业协会的合作，共建实习实训基地，更新实践教学设施，为学生提供更丰富、更贴近实际的实践学习环境。

（三）师资力量有限

应用型本科高校在国际经济与贸易专业方面的师资力量是影响人才培养质量的关键因素之一。目前，部分高校国贸专业的师资力量相对有限，且存在结构不合理、实践经验不足等问题。一些教师虽然学术造诣深厚，但缺乏行业背景和实践经验，难以将理论知识与实际业务相结合，影响教学效果。此外，随着国际贸易行业的快速发展，新知识、新技术不断涌现，对教师的专业更新能力也提出了更高要求。因此，高校需要加强师资队伍建设，通过引进具有行业背景和实践经验的优秀教师、鼓励现有教师参与企业实践、开展国际交流与合作等方式，提高教师的专业水平和教学能力，构建一支既懂理论又懂实践的复合型教师队伍。

（四）学生综合素质培养难度大

国际经济与贸易专业人才不仅需要具备扎实的专业知识和技能，还需要具备良好的沟通能力、团队协作能力、创新能力和国际化视野等综合素质。这些素质的培养不仅需要课堂教学，更需要通过实践活动、文化交流、国际合作等多种途径来实现。然而，在实际教学中，高校往往难以全面培养学生的综合素质。一方面，由于教学资源有限，学生参与实践活动的机会有限；另一方面，由于国际化教育资源的不均衡分布，部分学生难以接触到多元的文化和国际化的学习环境。此外，学生个体差异大，兴趣爱好、能力特长各不相同，也给综合素质的培养带来了挑战。因此，高校需要创新人才培养模式，构建多元化的教育体系，提供丰富多样的实践机会和国际交流平台，注重个性化教育，因材施教，全面提升学生的综合素质，为培养具有国际竞争力的国贸专业人才奠定坚实基础。

综上所述，当前国际经济与贸易专业人才培养模式面临诸多问题与挑战。高校应以市场需求为导向，紧密结合行业发展，加强实践教学环节，提高教师团队素质，深化校企合作，提升学生的国际竞争力，以应对不断变化的国际环境。

第六节　本章小结

首先，概述了国际经济与贸易专业的发展历史（该专业是随着世界各国经济活动的日益密切应运而生的），并详细介绍了国内外该专业的起源、发展及变革过程。国外该专业多作为经济学或商科下的分支，而国内则经历了从新中国成立初期的对外贸易专业到如今国际经济与贸易专业的演变，不断适应国家对外经贸事业的需求。

其次，分析了应用型本科高校国际经济与贸易专业的现状，开设该专业的应用型本科高校数量众多，且在全国各个省份都有分布，但更多地聚集在中东部地区。这些高校基于各自的办学优势，展开了各自的探索和实践，取得了一定的办学成绩。在特点方面，应用型本科高校国际经济与贸易专业注重实践能力的培养，强调跨学科交叉，以及将学历教育与职业资格教育相结合，以培养既有理论知识又有实践经验的高素质人才。然而，在人才培养过程中也存在一些问题，如专业基础薄弱、实践能力不足、教学方式传统与考核评价单一、国际化视野窄、语言能力有限、实训实践效果不理想以及课程体系设置不合理等。

最后，探讨了应用型本科高校国际经济与贸易专业的机遇与挑战。机遇方面，全球化与经济一体化的深入发展、新兴贸易模式的兴起、国家政策支持以及企业需求多样化都为该专业的人才培养提供了有利条件。而挑战方面，行业快速发展与知识更新迅速、实践教学资源不足、师资力量有限以及学生综合素质培养难度大等问题则需要高校加以应对。

第四章 国际经济与贸易专业毕业生就业市场分析

随着全球化和经济一体化的深入发展，国际贸易日益繁荣，对国际经济与贸易专业人才的需求持续增长。尤其在中国，自从 2001 年中国加入世界贸易组织以来，对外贸易飞速发展。进出口总额从 2001 年的 42183.6 亿元人民币，到 2023 年增长到 417568.3 亿元人民币，增长了将近十倍。

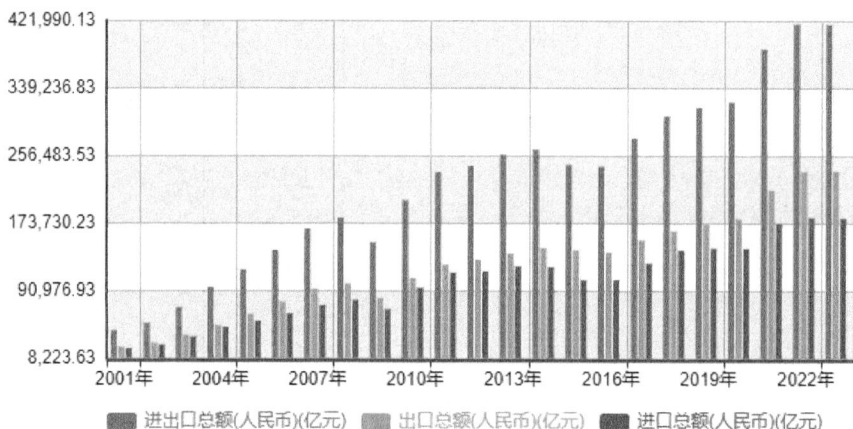

数据来源：国家统计局网站

图 4-1　2001—2023 年中国货物贸易进出口额

国际经济与贸易专业毕业生因其具备扎实的经济学基础、国际贸易理论、国际金融知识以及良好的外语沟通能力，成为市场上备受青睐的对象。国际经济与贸易专业毕业生主要就业方向包括：外贸企业及相关部门、跨境电商、金融机构、政府部门与国际组织等。外贸企业是国际经济与贸易专业毕业生最直接的就业方向之一。毕业生可以在这些企业从事进出口业务、国际贸易谈判、市场研究等工作，担任外贸业务员、国际贸易专员、市场分析师等职务。这些企业需要具备丰富国际贸易知识和实战经验的人才来管理国际贸易的运作和流程，确保跨国合作顺利进行。随着电子商务的兴起，跨境电商成为国际贸易的新宠儿。国际经济与贸易专业的毕业生在跨境电商领域也有广阔的就业前景。他们可以在跨境电商平台从事运营、销售、客服等工作，利用互联网平台将国内的产品推向全球市场。随着金融全球化的推进，国际经济与贸易专业的毕业生在金融机构也有广泛的就业机会。他们可以在国内外银行、证券公司、保险公司等从事国际业务、外汇交易、风险管理等工作。这些岗位不仅要求毕业生具备扎实的金融知识基础，还需要他们了解国际贸易的运作机制，以便更好地服务客户。国际经济与贸易专业的毕业生还可以选择在国家相关部门工作，如商务部、外交部等，或加入国际组织如联合国、世界贸易组织等。在这些部门和组织中，他们将参与国际贸易政策的制定、跨国贸易的监管和推动以及国际合作的协调等工作。

整体来看，国际经济与贸易专业的就业前景广阔。据教育部及各大就业平台统计数据显示，该专业近年来的就业率一直保持在较高水平，普遍在 85% 以上，部分优质院校的就业率甚至超过 90%。这一数据充分说明了市场对国际经济与贸易专业人才的需求旺盛。尽管就业前景广阔，但国际经济与贸易专业的毕业生在就业过程中也面临着诸多竞争和挑战。首先，外语能力是必备技能，但随着英语普及程度的提高，仅仅掌握英语已不足以满足市场需求，毕业生需要积极学习第二外语甚至第三外语。其次，国际贸易领域的知识更新速度非常快，毕业生需要不断关注国际贸易政策、市场动态和技术进步等方面的信息，以便及时调整自己的知识结构和实践能力。此外，随着数字化转型的加速推进，国际经济与贸易领域也面临着数字化、智能化的挑战，毕业生需要掌握电子商务、数字货币、区块链等相关知识和技术手段。

第一节　国际经济与贸易专业毕业生就业岗位需求分析

一、主要就业方向

国际经济与贸易专业属于文科类专业，就业面相对较宽，涉外类经济业务多有岗位需求，以下是主要的就业方向分析）。

（一）外贸企业

外贸企业是国际经济与贸易专业的传统就业岗位，也是最对口的就业方向，外贸企业通常涉及国际贸易的各个环节，从产品采购、对外销售、国际物流、报关报检到客户服务等，为毕业生提供了丰富的业务岗位，包括外贸业务员、外贸跟单员、单证员等。

1. 外贸业务员：负责公司进出口业务的操作，包括寻找客户、洽谈订单、签订合同、安排运输、报关报检等一系列工作。需要熟悉国际贸易流程和相关法律法规，具备良好的商务谈判能力和外语水平。

2. 外贸跟单员：主要跟进订单的执行情况，协调公司内部各部门之间的工作，确保订单按时、按质、按量完成。要与供应商、生产部门、物流货代等多方沟通协调，及时处理订单执行过程中的问题，责任心和沟通协调能力尤为重要。

3. 单证员：负责处理各种国际贸易单证，如发票、提单、装箱单、原产地证书等的制作、审核和提交。工作要求细致、认真，确保单证的准确性和完整性，以满足海关、银行等机构的要求，避免因单证问题导致的贸易风险。

（二）跨国公司

跨国公司在全球范围内开展业务，为国际经济与贸易专业毕业生提供了一个真正的全球化工作环境。跨国公司拥有丰富的资源，包括资金、技术和人才。它们通常会为新员工提供全面的入职培训，帮助毕业生快速适应公司的工作环境和业务流程。例如，一些跨国金融公司会为新入职的国际结算专员提供为期数月的专业培训，内容涵盖国际结算规则、外汇交易知识以及公司内部的结算系统操作等。此外，跨国公司还会定期组织内部培训和外部学习机会，鼓励员工不断提升自己的专业技能和综合素质。毕业生可以从基层的国际市场营销专员、国际采购专员等岗位做起。

1. 国际市场营销专员：负责公司产品在国际市场的推广和销售，制定市场营销策略，开展市场调研，分析市场需求和竞争情况，提高产品在国际市场的占有率。需要具备敏锐的市场洞察力、良好的营销策划能力和跨文化沟通能力。

2. 国际采购专员：承担公司在全球范围内的采购任务，寻找合适的供应商，进行采购谈判，签订采购合同，确保采购的物资和服务符合公司的要求和质量标准。要了解国际市场供应情况，掌握采购成本控制和供应商管理技巧。

3. 供应链管理专员：负责跨国公司全球供应链的规划、组织、协调和控制，包括原材料采购、生产计划、库存管理、物流配送等环节，以确保供应链的高效运作和成本控制。需具备全局观和协调能力，能够优化供应链流程，应对各种风险和挑战。

（三）金融机构

国际经济与贸易专业学生在学习过程中掌握了大量与金融相关的知识。例如，在国际结算课程中，他们学习了信用证（L/C）、托收等结算方式，这些知识与金融机构的国际结算业务直接相关。在外汇与汇率课程里，学生对汇率的波动原理、外汇市场的基本运作有一定了解，这为从事外汇交易和汇率风险管理工作提供了理论基础。所以，他们的专业知识能够较好地与金融机构的部分业务需求相契合。同时，国际贸易的发展离不开金融机构的支持。金融机构为外贸企业提供资金融通、结算服务等。国际经济与贸易专业毕业生可以在金融机构中发挥桥梁作用，更好地理解企业的贸易需求，为企业提供针对性的金融服务。例如，在为一家出口企业设计贸易融资方案时，毕业生可以凭借对国际贸易流程的熟悉，结合金融机构的产品，如打包贷款、出口押汇等，帮助企业解决资金周转问题。

1. 国际结算专员：处理国际贸易中的结算业务，如信用证的开立、审核、结算等，以及外汇买卖、汇率风险管理等工作。需要熟悉国际结算规则和相关金融法规，具备较强的风险防范意识和资金管理能力。

2. 外汇交易员：从事外汇买卖业务，分析外汇市场行情，预测汇率走势，进行外汇交易操作，为企业和个人提供外汇风险管理服务。要求对外汇市场有敏锐的洞察力和较强的分析判断能力，能够把握市场机会，控制交易风险。

3. 金融分析师：对国际金融市场进行研究和分析，为投资决策提供依据，评估投资项目的风险和收益，撰写研究报告。需要具备扎实的金融理论基础和数据分析能力，能够为企业和金融机构提供专业的金融咨询服务。

（四）政府部门与事业单位

政府部门与事业单位确实是国际经济与贸易专业毕业生的重要就业流向之一。这些部门通常负责国际贸易政策的制定与实施、对外贸易管理、市场监管等重要工作，对具备国际贸易知识和技能的毕业生有较大需求。

1. 商务部门等经济管理部门：参与制定和执行国家的对外贸易政策、法规，进行国际贸易统计分析，监测和评估国际贸易形势，处理国际贸易争端，促进本国对外贸易的发展。要求具备宏观经济分析能力和政策制定水平，能够为国家的经济发展和贸易合作提供决策支持。

2. 海关：负责对进出口货物进行监管，查验货物的合法性和真实性，征收关税和其他税费，打击走私等违法犯罪行为。需要熟悉海关法律法规和业务流程，具备较强的执法能力和责任心，确保国家的税收安全和贸易秩序。

3. 出入境检验检疫局：对进出口商品进行检验检疫，确保商品的质量、安全和卫生符合国家标准和国际要求，防止有害生物和疫情的传入传出。要掌握检验检疫技术和相关标准，具备严谨的工作态度和责任心，保障国门安全和消费者权益。

（五）跨境电商企业

跨境电商企业的迅速崛起确实为国际经济与贸易专业的毕业生提供了全新的就业流向和广阔的发展空间。这一趋势不仅反映了全球经济一体化的深入发展，也体现了国际贸易方式的创新与变革。跨境电商企业作为连接国内外市场的重要桥梁，对既懂国际贸易规则又熟悉电商操作的人才需求日益增长。国际经济与贸易专业的毕业生，凭借其在国际贸易理论、市场营销、外语沟通等方面的扎实基础，能够迅速适应跨境电商企业的运营模式，成为推动跨境电商发展的重要力量。在跨境电商企业中，国际经济与贸易专业的毕业生可以从事多个关键岗位，如跨境电商平台运营、产品运营、客户服务、市场推广、数据分析等。

1. 跨境电商运营专员：负责跨境电商平台的店铺运营，包括产品上架、促销活动策划、客户服务、数据分析等工作，提高店铺的销售额和知名度。需要熟悉跨境电商平台的规则和运营技巧，具备良好的网络营销和客户服务能力。

2. 跨境电商营销专员：制定并执行跨境电商的营销策略，通过社交媒体、搜索引擎优化、广告投放等渠道，吸引流量，提升品牌影响力，促进产品销售。要求具备创新思维和市场推广能力，能够根据不同的市场和客户需求，制定有效的营销方案。

3. 跨境电商物流专员：处理跨境电商的物流配送业务，选择合适的物流渠道和服务商，协调货物的运输、仓储和配送，确保商品能够及时、准确地送达客户手中。要了解国际物流流程和相关政策，具备物流成本控制和供应链管理能力。

二、就业方向数据分析

　　根据职友集的调查数据分析，截至 2024 年 8 月，国际贸易类岗位主要有跨境电商、亚马逊跨境电商、电子商务、外贸、进出口 / 国际贸易、国际货代、国际货运代理、报关等关键词（见图 4-2）。其中，国际贸易需求第一大类对外贸易或跨境电商，数据显示"跨境电商 / 外贸岗位"需求占比达 11.2%，其次是"进出口 / 国际贸易"岗位，需求占比为 8.5%，"跨境电商"占比为 3.6%。国际贸易岗位需求的第二大类是国际物流，主要包括"海运"（占比 4.1%）、"货运"（占比 3.8%）、"货运代理"（占比 3.3%）、"国际物流"（占比 3.2%）。

　　此外就业方向词云分析还显示所需岗位的行业背景，包括五金、新材料、机械设备、新能源、光电、汽车及零部件、纺织、宠物、电子、电器等行业，这些也是当前中国外贸出口的主力军。根据中国海关出口统计数据，2023 年，我国出口机电产品 13.92 万亿元，增长了 2.9%，占出口总值的 58.6%；同期劳动密集型产品出口 4.11 万亿元，占出口总值的 17.3%。机电产品中，电动载人汽车、锂离子蓄电池和太阳能电池，这三个我们叫作"新三样"，"新三样"产品合计出口 1.06 万亿元，首次突破万亿元大关，增长了 29.9%。船舶、家用电器的出口分别增长 35.4% 和 9.9%。

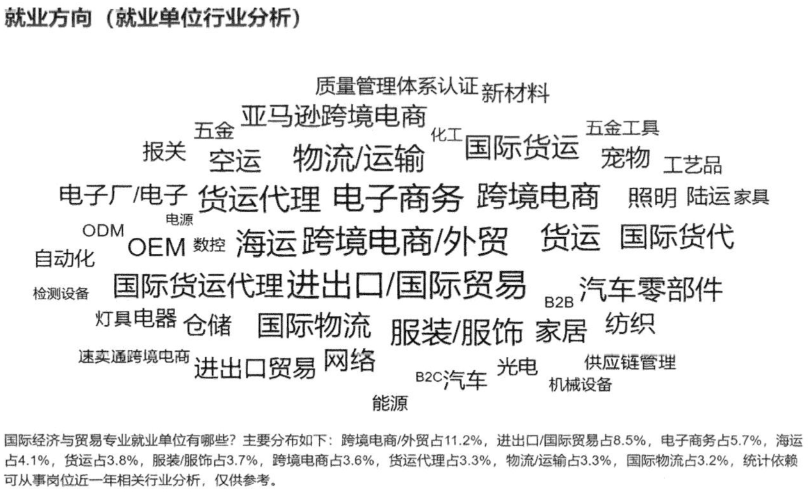

就业方向（就业单位行业分析）

国际经济与贸易专业就业单位有哪些? 主要分布如下: 跨境电商/外贸占11.2%，进出口/国际贸易占8.5%，电子商务占5.7%，海运占4.1%，货运占3.8%，服装/服饰占3.7%，跨境电商占3.6%，货运代理占3.3%，物流/运输占3.3%，国际物流占3.2%，统计依赖可从事岗位近一年相关行业分析，仅供参考。

　　数据来源：职友集

图 4-2 国际经济与贸易专业毕业生就业流向（市场招聘渠道）

三、学历层次要求分析

国际贸易类岗位能力要求主要包含两方面：一是语言沟通能力，二是业务开发能力。这两方面能力都属于技能型能力，注重经验而非理论知识储备，因此国际贸易类岗位需求对学历要求相对较低。

如图 4-3 根据职友集的调查统计数据分析发现，国际贸易类岗位的学历要求中，9.4% 的岗位不限学历，学历要求"大专"的岗位占比最高，达到 56.3%；其次是本科，占比为 29.3%；而对硕士研究生的需求仅占 0.1%。由此可见，专科或高职毕业生是最适合国际贸易类岗位。出现这一学历层次要求的可能原因在于，国际贸易类岗位中具体业务操作，诸如跟单员、单证员、报关员、货运代理员等基础工作岗位需求量大，这类岗位更注重基本技能，需要大专生予以胜任。

进一步，从工资的学历分布来看，本科生的平均工资高于大专和硕士，仅次于博士研究生。这说明国际经济与贸易专业专科生在国际贸易类岗位求职时占据主流，但是本科生的薪资水平显示是最适合该岗位。这就更加传递出一个信号，加快国际经济与贸易类应用型本科人才培养。

招聘学历要求：大专最多

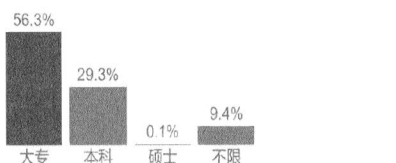

国际经济与贸易专业企业招聘需要什么学历？大专占比最多，占56.3%，本科占29.3%，不限占9.4%，硕士占0.1%

按学历统计

大专 ¥8.4K	本科 ¥12.3K	硕士 ¥11K
博士 ¥15.6K		

说明：国际经济与贸易专业工资按学历统计，大专工资 ¥8.4K，本科工资 ¥12.3K，硕士工资 ¥11K，博士工资 ¥15.6K

数据来源：职友集

图 4-3 国际经济与贸易专业类岗位需求学历层次分析

四、职位需求量分析

进一步来看，国际经济与贸易专业本科生的职位需求变化。近年来，本科生岗位需求变化呈现出先下降后上升的"U"型趋势。从 2018 年中美贸易摩擦开始，中国的对外贸易出现了出口增速放缓，出口市场环境恶化的区域，相应地导致企业的用工需求出现了一定程度的下降，这一下降趋势比较平缓。到了 2020 年，受到全球新冠疫情的影响，全球消费市场受到抑制，疫情防控措施限制了人员流动和国际货物流通，叠加全球价值链重构的国际贸易格局重构，中国对外贸易出口增速放缓，尽管 2021 年由于中国疫情管控比较有效，对外贸易进出口有所改善，但是外贸整体趋势疲软。受此影响，外贸企业用人需求加速下滑，一直持续到 2022 年底。2023 年 1 月 8 日，中国政府宣布："经国务院批准，自 2023 年 1 月 8 日起，解除对新型冠状病毒感染采取的《中华人民共和国传染病防治法》规定的甲类传染病预防、控制措施；新型冠状病毒感染不再纳入《中华人民共和国国境卫生检疫法》规定的检疫传染病管理。"受此利好因素影响，国内制造业全面复工，但是国内经济复苏乏力，消费下降，内需不足。"不出海、便出局"，国内企业纷纷将目光转向海外，全力开拓市场。受此影响，企业对国际贸易类人才需求快速上涨，这一上涨趋势从 2023 年一直延续到了 2024 年（见图 4-4）。

本科历年职位需求变化趋势

以下展示"国际经济与贸易"专业可从事岗位的本科相关职位数据之和

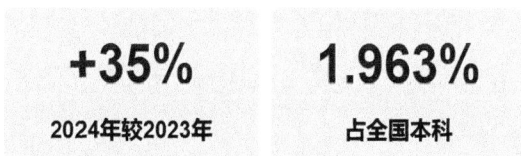

+35%
2024年较2023年

1.963%
占全国本科

本科历年招聘职位量占比

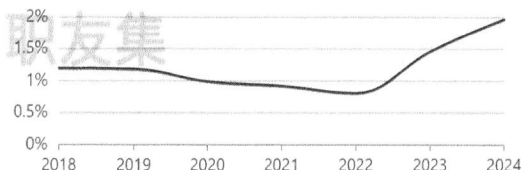

说明：国际经济与贸易专业本科发展前景怎么样？有前途吗？好找工作吗？**2024年招聘职位83481个，占全国本科 1.963%**，曲线越向上代表市场需求量越大，就业情况相对较好。数据由各地招聘网站统计而来，仅检索职位名称。

数据来源：职友集

图 4-4 国际经济与贸易专业本科人才需求职位数变迁

五、总体岗位薪酬分析

国际贸易类本科人才需求出现了先下降后上升的"U"型趋势，也影响到了此类岗位的报酬变化，从图4-5可以明显地看出，尽管薪资水平并未出现下降趋势，这是由于存在工资刚性，但是工资增速出现了先下降后上升的"U"型趋势。2020年，国际贸易类本科生月平均工资水平为11000元，相较于2019年的9300元增长了14%，2021年的月工资增速更是达到了18%，然而到了2022年，月平均工资仅仅是从11000元增长到了11100元，增速仅为1%；2023年甚至直接与2022年持平，没有增长；2024年，受岗位需求增长的滞后效应，工资水平出现了大幅度上涨，从2023年的11100元增长到了13000元，增长了17%。因此，这可以向社会公众和广大考生提供一个客观的、有价值的信息，国际经济与贸易专业不是在走下坡路了，而是具有较好的市场需求。

本科历年招聘工资变化趋势

以下展示"国际经济与贸易"专业可从事的本科相关岗位平均工资

+17%

2024年较2023年

2023：持平 --
2022：增长1% ↑
2021：增长18% ↑
2020：增长14% ↑

本科历年工资变化

2018	2019	2020	2021	2022	2023	2024
7.6K	8.2K	9.3K	11K	11.1K	11.1K	13K

说明：国际经济与贸易专业本科工资怎么样？2024年国际经济与贸易专业本科相关岗位平均工资￥13K，2024年工资高于2023年，较2023增长了17%。数据统计依赖于各大平台发布的公开数据，系统稳定性会影响客观性，仅供参考。

数据来源：职友集

图4-5 国际经济与贸易专业本科类岗位工资走势

从国际经济与贸易专业与其他专业的横向比较来看，国际经济与贸易专业本科生的工资水平整体是高于所有专业平均工资水平，尤其是随着工作年限的增长，人力资本积累的回报率要高于全行业平均水平。如图 4-6 所示，应届生工资比较时，国际经济与贸易专业应届生工资略微高于所有专业平均值，随着工作年限从 2 年、5 年，到 10 年，国际经济与贸易专业毕业生工资与所有专业平均值的优势越来越大，拥有 10 年工作经验的国际经济与贸易专业工资是 16000 元左右，而所有专业平均值不足 11000 元左右，两者相差 5000 元以上。

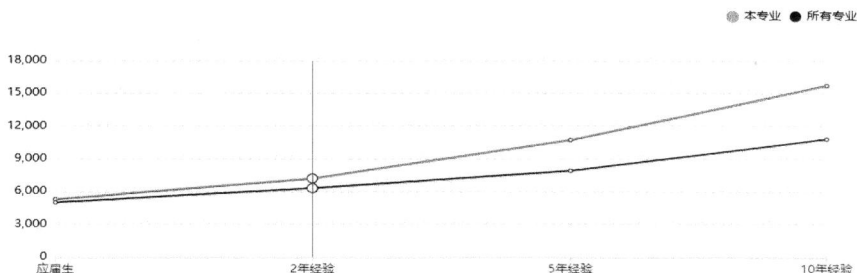

数据来源：职友集

图 4-6 国际经济与贸易专业本科生岗位工资相对位置分析

由此可以看出，尽管国际贸易类岗位的就业学历门槛不高，大专生即可胜任，但是其对工作经验要求较高。因此在国际贸易类岗位招聘时，很多岗位要求工作经验。如图 4-7 所示，在国际贸易类岗位招聘中，要求 1-3 年工作经验的占比达 53.9%，要求 3-5 年工作经验的占比达 15.1%。仅有 2.2% 的岗位明确表示接受本科生。这对我们的国际经济与贸易专业人才培养提出了要求，如何培养出有工作经验的应届生呢？实践教学、实习工作就要"真题真做"，让学生在校期间就储备实战经验。

招聘经验要求：1-3年最多

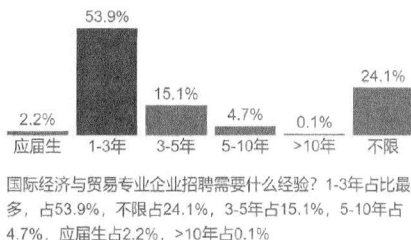

国际经济与贸易专业企业招聘需要什么经验？1-3年占比最多，占53.9%，不限占24.1%，3-5年占15.1%，5-10年占4.7%，应届生占2.2%，>10年占0.1%

数据来源：职友集

图 4-7 国际经济与贸易专业岗位招聘条件的经验要求

六、岗位结构薪酬分析

根据职友集的网络招聘数据分析，国际经济与贸易类工作岗位主要包括六类，分别是：

（1）从事专业外贸公司的进出口业务工作；

（2）从事各类自营进出口生产企业、科研机构的进出口业务工作；

（3）从事各类外资企业的进出口工作；

（4）从事各类专业报关、承运货物等国际物流运输工作；

（5）在各类涉外型的企业、机构从事初级财务工作及业务管理工作；

（6）从事国际市场调研、策划及贸易纠纷调解的辅助性工作。

这些岗位工作要求不一样，薪酬待遇也存在一定差别。如图4-8所示，国际贸易类薪酬水平较高的前五个岗位依次是"海外销售经理""外贸经理""亚马逊运营主管""外贸销售经理""外贸业务主管"，薪酬水平依次是21700元、18600元、15900元、14900元、13100元，比较分析发现这类薪酬待遇较高的岗位，所谓外贸业务管理岗位，对业务能力和工作经验多有要求。薪酬水平最低的五个岗位依次是"单证员""外贸单证员""报关员""跟单员""贸易跟单"，其平均工资依次是6100元、6200元、6200元、6200元、6200元，都在7000元以下。薪酬水平处于这个层次的岗位"海运单证员""外贸跟单员""船务专员"等，还有这类岗位要求毕业生具备基本的外贸类及相关业务的单证缮制，流程跟踪等工作技能即可，甚至对语言能力的要求也相对较低，基本不需要英语听说能力，只需要基本的读写能力，一般情况下大专生即可胜任。

薪酬水平在7000~10000元的岗位属于中坚力量，岗位也相对较多，这一型薪酬水平的岗位多为外贸业务岗。如图4-8所示，主要有"亚马逊运营专员""外贸业务专员""外贸销售专员""英语翻译""外贸业务"等，其月薪资水平依次是8800元、8500元、8700元、8000元、9600元。这类岗位工作需要具备一定的业务开发能力，是外贸业务的具体执行者，具备涉外沟通能力、海外市场营销能力、具体业务运营能力，一般需要有经验的本科生。

可从事岗位（就业方向）

本专业学生毕业后可（1）从事专业外贸公司的进出口业务工作；（2）从事各类自营进出口生产企业、科研机的进出口业务工作；（3）从事各类外资企业的进出口业务工作；（4）从事各类专业的报关、承运货物等国际工作；（5）在各类涉外型的企业、机构从事初级财务工作及业务管理工作；（6）从事国际市场调研、策划及贸易纠纷调解的辅助性工作。

外贸跟单员 ¥6.6K	外贸跟单 ¥6.7K	单证员 ¥6.1K	跨境电商运营 ¥8.4K
亚马逊运营专员 ¥8.8K	外贸单证员 ¥6.2K	跨境电商运营专员 ¥7.0K	海运操作 ¥7.3K
报关员 ¥6.2K	国际贸易专员 ¥7.9K	英语外贸业务员 ¥8.5K	海运单证员 ¥6.4K
亚马逊运营主管 ¥15.9K	外贸销售专员 ¥8.7K	外贸销售经理 ¥14.9K	外贸业务专员 ¥8.5K
外贸销售员 ¥9.1K	国际物流销售 ¥12.9K	外贸业务主管 ¥13.1K	外贸主管 ¥13.0K
空运操作 ¥7.7K	统计分析 ¥8.7K	船务专员 ¥6.8K	英语翻译 ¥8.0K
跨境电商运营主管 ¥11.8K	速卖通运营 ¥8.0K	亚马逊运营 ¥10.5K	跟单员 ¥6.2K
贸易跟单 ¥6.2K	外贸业务经理 ¥13.4K	外贸销售 ¥11.0K	外贸业务 ¥9.6K
外贸经理 ¥18.6K	海外销售经理 ¥21.7K	外贸专员 ¥7.7K	外贸业务跟单 ¥7.4K
外贸员 ¥8.3K	海外业务员 ¥10.9K		

数据来源：职友集

图 4-8 国际经济与贸易类各工作岗位薪酬统计对比

第二节　国际经济与贸易专业毕业生职业发展分析

一、就业分散度分析

就业分散度包含很多方面，既有区域分散度、行业分散度，还有岗位分散度等等，主要用于分析某一类专业毕业生就业市场的多样性和复杂性，也体现了劳动力资源的配置效率和社会经济的包容性。就业分散度越高，意味着该专业毕业生就业难度相对较小。

根据 BOSS 职聘网的相关数据，计算了主要的 15 个文科类专业的就业分散度，见图 4-9。计算数据显示，15 个专业的就业分散度差异不是特别大，英语专业就业分散度最高，为 81.9，而最低的市场营销专业是 77.2。其中，国际经济与贸易专业的就业分散度是 81.5，排名第三。说明国际经济与贸易专业毕业生的就业面相对较宽，相关工作岗位较多。

国际经济与贸易专业毕业生就业面宽是跟外经贸行业的业务链条长、环节多有较大关系，以外贸出口业务为例，从前期的业务开发、到合同签订，到合同履行要经过营销洽谈、涉外合同、单证制作、报关报检、国际物流、国际结算、纠纷解决等多个环节，涉及的岗位包括更是多达几十个。

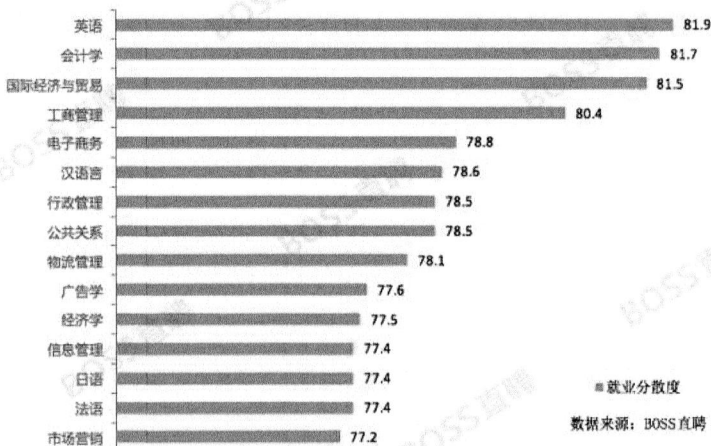

就业面最宽的十五个专业

专业	就业分散度
英语	81.9
会计学	81.7
国际经济与贸易	81.5
工商管理	80.4
电子商务	78.8
汉语言	78.6
行政管理	78.5
公共关系	78.5
物流管理	78.1
广告学	77.6
经济学	77.5
信息管理	77.4
日语	77.4
法语	77.4
市场营销	77.2

数据来源：BOSS直聘

图 4-9　就业面最宽的十五个专业

二、职业晋升分析

大学毕业生在求职过程中，往往会关注薪资、工作地点、工作内容等多个方面，但职业晋升的重要性同样不容忽视。它不仅关乎个人的长期职业规划、薪资与福利待遇的提升，还关系到个人职业竞争力的增强、个人价值的实现以及人脉与资源的拓展。因此，大学毕业生在求职过程中应充分考虑职业晋升的可能性，并为之付出努力。毕业生的职业晋升路径是多元化且充满挑战的，主要取决于个人的能力、兴趣及所在行业的特点，国际经济与贸易专业毕业生的一般职业晋升路径如下。

第一步：初级岗位积累经验：毕业生通常从基层岗位开始，如外贸业务员、跟单员、助理分析师等，这些岗位要求毕业生具备基本的国际贸易知识和技能，以及良好的沟通能力和团队合作精神。在这一阶段，毕业生通过实践积累工作经验，熟悉业务流程和行业规则，为未来的职业发展打下基础。

第二步：中级管理岗位提升：随着经验的积累和能力的提升，毕业生有机会晋升为项目经理、区域经理、部门经理等中级管理岗位。这些岗位需要更强的组织协调能力、决策能力和市场洞察力。在这一阶段，毕业生需要不断提升自己的专业素养和管理能力，以适应更复杂的业务环境和更高的工作要求。

第三步：高级管理岗位或专业领域深耕：对于表现出色的毕业生，他们有机会进一步晋升为公司的高层管理人员，如贸易总监、副总裁等，参与公司战略规划和决策。另一部分毕业生可能会选择在某个专业领域深耕细作，成为该领域的专家或顾问，为行业提供专业服务。

得益于国际经济与贸易专业与全球化发展趋势的紧密契合、毕业生的专业优势以及清晰的职业晋升路径，国际经济与贸易专业毕业生职业晋升的速度相对较快。一些具体的案例也显示，该专业毕业生在较短的时间内就能够获得显著的职位晋升和薪资增长。根据对 2012 届毕业生的追踪调查发现，在毕业三年后职业晋升较快的十大专业中，国际经济与贸易专业以 57% 的晋升比例并列第一，高于第十名"机械设计制造及其自动化"专业十个百分点（见图 4-10）。

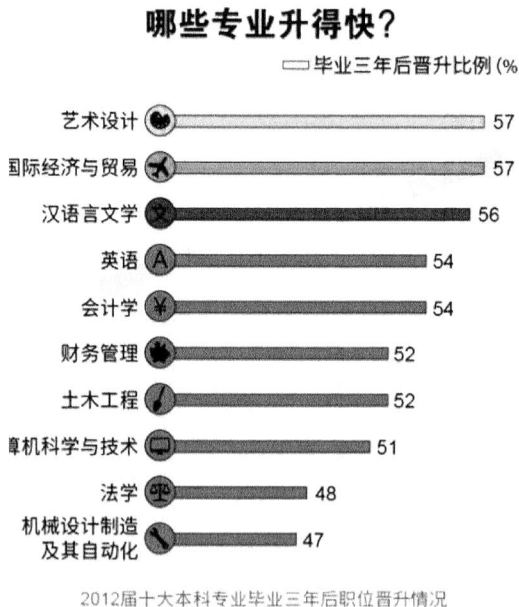

哪些专业升得快?

毕业三年后晋升比例(%)

专业	比例
艺术设计	57
国际经济与贸易	57
汉语言文学	56
英语	54
会计学	54
财务管理	52
土木工程	52
计算机科学与技术	51
法学	48
机械设计制造及其自动化	47

2012届十大本科专业毕业三年后职位晋升情况

图 4-10 2012 届十大本科专业毕业三年后职位晋升情况

三、专业就业相关度分析

专业就业相关度，也就是我们常说的就业对口率。就业对口率对于毕业生来说具有重要意义。它不仅关系到毕业生的职业发展前景和薪资待遇，还影响到毕业生的工作满意度和幸福感。因此，毕业生在求职过程中应尽量选择与自己所学专业相关的工作岗位，以提高就业对口度。总的来说，毕业生就业对口度受到多种因素的影响，包括市场需求、个人能力、行业特点等。为了提高就业对口度，毕业生需要关注市场动态、提升自身能力、了解行业特点，并做出明智的职业选择。

根据《人民日报》的调查分析，结合 2015 届半年后和 2012 届三年后的数据，从工作岗位与专业相关度来看，国际经济与贸易专业以 48% 的相关系数，位列相关度最高的十大本科专业第十位（见图 4-11）。根据 ZA 学院 2023 年对 2018-2023 届国际经济与贸易本科毕业生的追踪调查数据，在回答"您认为你目前的工作岗位与您本科所学专业之间的相关性如何？"问题，毕业生自评得分是 52.79%，反映出较高的专业与就业相关度。

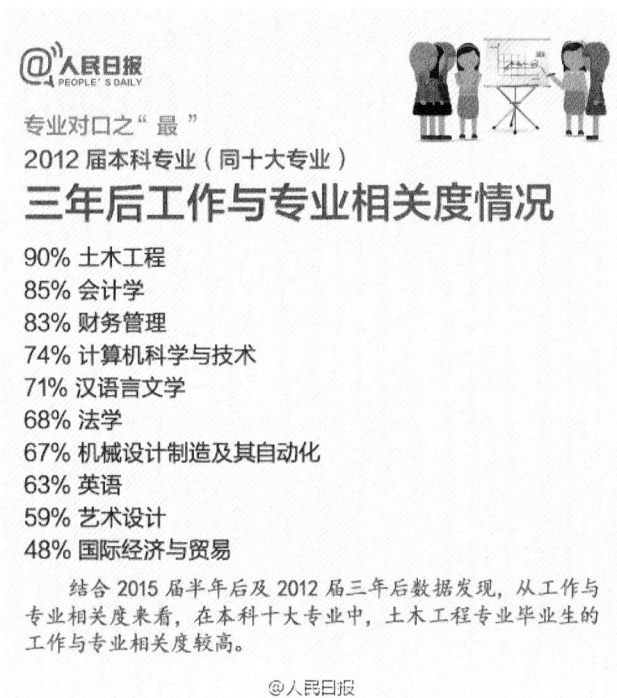

图 4-11　毕业三年后工作与专业相关度排名前十大专业

四、职业稳定性分析

职业稳定性是指在一定时间里有固定的工作，且不会轻易离职或者被解雇，反映到个人身上就是跳槽的频率。职业稳定性受到多种因素的影响，包括个人因素、企业因素和行业因素等。通过制定明确的职业规划、优化企业文化和激励机制、加强职业教育与培训等措施，企业可以有效提升职业稳定性，为员工的个人发展和企业的稳定发展提供有力支持。

总体而言，经济与贸易类专业的毕业生的职业稳定性相对较好，调查数据显示，各专业大类毕业生毕业二年后跳槽次数最多的是戏剧与影视类，平均跳槽次数位 1.4，而经济与贸易类毕业生毕业三年内平均跳槽次数仅为 1.1 次，略高于全部专业平均水平，反映出较高的职业稳定性（图4-12）。

毕业三年内人均跳槽次数

排名	专业大类	次数
1	戏剧与影视类	1.4
1	设计学类	1.4
3	新闻传播学类	1.3
4	食品科学与工程类	1.2
5	外国语言文学类	1.1
6	计算机类	1.1
7	音乐与舞蹈学类	1.1
8	经济与贸易类	1.1
9	社会学类	1.1
10	心理学类	1.1
	全部专业平均水平	1.0

图 4-12 各专业毕业生毕业三年内人均跳槽次数

第三节　本章小结

随着全球化和经济一体化的深入，国际贸易日益繁荣，对国际经济与贸易专业人才的需求持续增长。中国加入世界贸易组织后，对外贸易飞速发展，国际经济与贸易专业毕业生因其扎实的专业知识和良好的外语沟通能力，成为市场上备受青睐的对象。

该专业毕业生主要就业方向包括外贸企业、跨境电商、金融机构、政府部门与国际组织等，就业面相对较宽。从就业岗位需求分析来看，国际经济与贸易专业毕业生在各类岗位中都有广泛的就业机会，包括进出口业务专员、外贸跟单员、单证员、国际市场营销专员等。同时，随着跨境电商的崛起，跨境电商运营专员、营销专员、物流专员等岗位也成为毕业生的新选择。从行业背景来看，五金、新材料、机械设备、新能源等行业是当前中国外贸出口的主力军。在学历层次要求方面，国际贸易类岗位对学历要求相对较低，大专生即可胜任部分基础工作岗位。然而，本科生的薪资水平显示其最适合该岗位，这传递出加快国际经济与贸易类应用型本科人才培养的信号。在职位需求量方面，近年来本科生岗位需求呈现出先下降后上升的"U"型趋势。在岗位薪酬方面，国际贸易类本科生工资水平整体高于所有专业平均工资水平，且随着工作年限的增长，人力资本积累的回报率要高于全行业平均水平。同时，不同岗位之间的薪酬待遇存在一定差别，外贸业务管理岗位对业务能力和工作经验有要求，薪酬水平较高；而基础工作岗位如单证员、报关员等薪酬水平相对较低。此外，国际经济与贸易专业毕业生的就业分散度较高，就业面相对较宽，职业晋升路径多元化且充满挑战，专业就业相关度较高，职业稳定性相对较好。

综上所述，国际经济与贸易专业的就业前景广阔，但毕业生也需不断提升自身能力和竞争力以适应市场需求。

第五章

国家级一流本科专业建设点的比较分析：培养规格

全国国际经济与贸易本科专业设点高校 700 多所，其中不乏类似南开大学、对外经济贸易大学等高水平大学，应用型高校能够在此脱颖而出获批国家级一流本科专业建设点，靠的是办学特色比较鲜明，应用型人才培养比较突出的是办学质量。为了更好地总结经验，我们将对一流本科专业建设点的办学情况进行比较分析。其中，人才培养方案在教育领域中具有至关重要的地位，它是实现教育目标、培养合格人才的基础和蓝图。人才培养方案首先明确了教育的总体目标和具体目标，包括要培养什么样的人才、具备哪些知识和技能、达到什么样的素质标准等。这有助于教育者、学习者以及社会各界对教育的期望和成果有清晰的认识。基于此，本章将首先对人才培养方案的培养目标和毕业要求展开对比分析。

第一节　人才培养方案之培养目标比较分析

一、什么是培养目标？

本科人才培养方案中的培养目标，是整个方案的核心和灵魂，它明确了教育机构期望通过本科教育阶段所培养出的学生应具备的素质、能力和知识结构的总体要求。这些目标通常涵盖以下几个方面：

（一）知识与理论素养

培养学生掌握扎实的专业基础知识，理解本学科的基本理论、基本原理和前沿动态。拓宽学生的知识面，使其具备跨学科的知识视野和综合素养。

（二）专业技能与实践能力

训练学生掌握本专业的基本技能和实验操作方法，具备解决实际问题的能力。强调实践教学，通过实习、实训、课程设计等环节，提升学生的动手和创新能力。

（三）思维能力与学习方法

培养学生的批判性思维、逻辑思维和创造性思维，使其能够独立思考、分析问题并解决问题。教会学生有效的学习方法，包括自主学习、终身学习、信息检索与处理能力等。

（四）综合素质与道德品质

提升学生的综合素质，包括文化素养、科学素养、人文素养、艺术修养等。培养学生的社会责任感、职业道德和团队合作精神，以及良好的心理素质和身体素质。

（五）国际视野与跨文化交流能力

鼓励学生拓宽国际视野，了解全球政治、经济、文化等方面的基本情况和发展趋势。培养学生的跨文化交流能力，使其能够适应全球化背景下的工作和学习环境。

（六）创新与创业能力

激发学生的创新意识和创业精神，培养其发现问题、提出创意、实施创新项目的能力。提供创业教育和支持，帮助学生掌握创业的基本知识和技能。

（七）职业发展与适应能力

培养学生具备职业规划和发展意识，了解职业市场的发展趋势和就业需求。提升学生的职业适应能力和职业发展潜力，使其能够在不断变化的社会环境中找到适合自己的职业道路。

这些培养目标共同构成了本科人才培养方案的核心框架，为教育机构制定具体的课程设置、教学方法、实践教学、评估方式等提供了明确的指导方向。同时，这些目标也是评价教育质量和学生培养成果的重要依据。

二、培养目标比较分析

（一）国家标准：《普通高等学校本科专业类教学质量国家标准（2018版）》

《普通高等学校本科专业类教学质量国家标准（2018版）》（以下简称：新国标）中对经济与贸易类标准的定位如下：本标准是全国经济与贸易类本科专业设置、专业建设指导和教学质量评估的基本遵循标准。各高校根据自身定位和办学特色，在制定本校经济与贸易类本科专业教学质量标准过程中，可对本标准的条目进行细化，但不得低于本标准的相关要求。鼓励有条件的高校高于本标准办学。

新国标中对经济与贸易类培养目标的设定如下："经济与贸易类本科

专业培养践行社会主义核心价值观，具有良好思想品质和道德修养，掌握经济学以及经济与贸易类专业基础知识、基本理论和方法，熟悉国际通行的经贸规则，认识与把握国内外经济、贸易的运行机制和发展规律，熟练使用1门外语，熟练运用现代信息技术，具有良好的沟通、协调能力和创新创业精神，成为适应我国现代化建设需要的、具有全球视野和较为完备知识体系的应用型、复合型、创新型人才。"

新国标中培养目标实际上是对国际经济与贸易类专业人才培养从九个方面提出了要求：

1. 践行社会主义核心价值观

强调学生应具备正确的世界观、人生观和价值观，这是人才培养的基础，也是社会和谐稳定、国家长治久安的重要保障。

2. 具有良好思想品质和道德修养

要求学生不仅要有扎实的专业知识，还要具备高尚的道德情操和良好的个人品质，这是成为一名优秀经贸人才的前提。

3. 掌握经济学以及经济与贸易类专业基础知识、基本理论和方法

强调学生应系统学习经济学、国际贸易等核心课程，掌握相关理论和方法，为未来的专业实践打下坚实基础。

4. 熟悉国际通行的经贸规则

要求学生了解并熟悉国际贸易、国际金融等国际经贸领域的规则和惯例，以适应全球化背景下的经贸活动。

5. 认识与把握国内外经济、贸易的运行机制和发展规律

强调学生应具备分析国内外经济形势、预测贸易趋势的能力，这是进行经贸决策的重要依据。

6. 熟练使用1门外语

要求学生掌握至少一门外语，能够进行流畅的听说读写，以适应国际经贸交流的需要。

7. 熟练运用现代信息技术

强调学生应具备运用现代信息技术进行经贸信息处理和分析的能力，这是提高工作效率和竞争力的关键。

8. 具有良好的沟通、协调能力和创新创业精神

要求学生具备良好的人际交往和沟通协调能力，同时鼓励创新思维和

创业精神，以适应不断变化的市场环境。

9. 成为适应我国现代化建设需要的、具有全球视野和较为完备知识体系

强调人才培养的最终目标是服务国家现代化建设，要求学生具备全球视野和跨文化交流能力，同时拥有完备的知识体系和实际应用能力，

10. 应用型、复合型、创新型人才

强调人才定位，为应用型、复合型、创新型人才。

（二）应用型高校的培养目标分析——基于人才培养方案

1. 总体培养目标分析

总体来看，各高校在人才培养目标设定上大同小异，基本与《新国标》要求一致，《新国标》要求的培养目标细分要求也都有体现。从词云分析中可以看出，各院校在国际经济与贸易专业的培养目标上，都强调了德智体美劳全面发展、经济学与国际贸易的基础理论与知识、实践能力的培养，以及适应社会和经济发展的需求。以下是对各高校国际经济与贸易专业培养目标的词频分析：

（1）高频词

培养：出现在所有学院的描述中，共 6 次。

全面发展：出现在多数学院的描述中，强调学生的全面发展，包括德、智、体、美、劳等方面，共 5 次。

经济贸易 / 国际经济与贸易：作为专业的核心，出现在所有学院的描述中，共 6 次（若将"经济"和"贸易"分开计算则更多）。

创新创业：出现在多家学院的描述中，强调培养学生的创新创业精神和意识，共 4 次。

适应能力 / 适应：多个学院提到学生需要适应社会经济、区域发展等需要，共 4 次。

掌握 / 熟知：多家学院提到学生需要掌握或熟知经济学、国际经济与贸易的理论和知识，共 4 次。

素质：出现在多个学院的描述中，强调学生的思想道德素质、业务素质、身心素质等，共 4 次。

应用能力 / 实践能力：部分学院强调学生的实践能力和应用能力，共 3 次。

（2）中频词

社会需求／经济社会发展：出现在多家学院的描述中，强调专业以社会需求为导向，适应经济社会发展，共3次。

国际视野：出现在多家学院的描述中，强调培养学生的国际视野，共3次。

外贸企业：部分学院提到服务中小外贸企业，或能在外贸企业就职，共3次。

理论与实践：部分学院提到学生需要系统掌握理论知识，并具备实践能力，共2次。

人文素养与道德：部分学院提到培养学生的人文素养和道德修养，共2次。

高素质人才：部分学院将培养目标定位为高素质的应用型或复合型人才，共2次。

（3）低频词

这些词只在某一或某几个高校的描述中出现，如"一带一路"倡议、京津冀协同发展战略、现代商务技术、国际经贸法律规则与惯例、马克思主义经济学基本原理、现代西方经济学基本理论、世界贸易组织、国际贸易单证制作、国际市场环境分析等。

（4）词云独有或特色词汇

ZA学院："一带一路"、京津冀、家国情怀、数据思维

ZC学院：现代商务技术、国际经贸法律规则与惯例、浙江中小外贸企业

ZB学院：马克思主义经济学、世界贸易组织、国际市场营销能力

CB学院：中国特色社会主义、五个中心、自贸区、多元知识体系、新商科人才

CC学院：地方经济开放、全球化视野、涉外经济部门

CA学院：政治理论素养、沟通协调能力、涉外业务

这些特色词汇反映了各学院在国际经济与贸易专业培养方面的独特定位和特色优势，如地域特色、专业方向、培养目标等。通过这些词汇，我们可以更深入地了解各学院在国际经济与贸易专业领域的办学理念和特色。

综上所述，高频词主要围绕学生的培养、全面发展、经济贸易专业知识与能力、创新创业能力、适应能力、素质以及应用能力或实践能力等方面。中频词和低频词则进一步细化了专业的培养目标、服务面向、所需掌握的具体知识和技能等。同时，各院校也根据自身地理位置和特色，强调了不同的重点，如 ZA 学院的"京津冀"和"一带一路"倡议、ZC 学院的"现代经济与贸易"和"创新创业"、ZB 学院的"马克思主义经济学"和"世界贸易组织"、CB 学院的"中国特色社会主义"和"上海自贸区"，以及 CC 学院的"地方经济"和"全球化视野"。

2. 各高校毕业五年后培养目标分析

首先，借助词频分析软件，对各高校国际经济与贸易专业毕业 5 年左右期望达到目标进行词频分析。

（1）高频词

能力：出现在所有学院的描述中，强调毕业生应具备的各种能力，如业务能力、团队协作能力、沟通能力等。

职业素养 / 职业道德：多家学院都提到了毕业生应具备良好的职业素养和职业道德，这是从事国际经济与贸易工作的基本要求。

国际视野：多家学院强调毕业生应具备国际视野，能够适应全球化的经济环境。

终身学习 / 学习意识：多家学院提到了毕业生应具备终身学习的理念或意识，能够不断学习和适应社会发展的需求。

团队合作 / 团队协作能力：多家学院强调了团队合作和团队协作能力的重要性，这是在职场中取得成功的重要因素。

业务骨干 / 骨干：多家学院期望毕业生能够成为所从事领域的业务骨干或管理骨干，这表明了学院对毕业生职业发展的高期望。

（2）中频词

身心素质 / 人文素养：部分学院提到了毕业生应具备良好的身心素质和人文素养。

社会责任感：部分学院强调了毕业生应具有的社会责任感。

专业知识 / 专业知识运用能力：部分学院提到了毕业生应具备扎实的专业知识和运用能力。

创新创业：部分学院提到了毕业生应具备的创新创业能力。

跨文化交流能力：部分学院强调了跨文化交流能力的重要性。

独立解决业务问题：部分学院提到了毕业生应具备独立解决业务问题的能力。

综上所述，高频词主要围绕毕业生在 5 年左右应达到的各种能力、职业素养和道德、国际视野、终身学习的理念或意识、团队合作和团队协作能力以及成为业务骨干或管理骨干的期望。中频词则进一步细化了各学院对毕业生的具体要求和期望，如身心素质、人文素养、社会责任感、专业知识及运用能力、创新创业能力、跨文化交流能力和独立解决业务问题的能力等。

根据词频分析结果，我们可以归纳出应用型高校国际经济与贸易专业毕业五年后的培养目标如下：

①职业素养与能力："职业道德""职业素养""专业能力""业务能力"等词汇频繁出现，表明各学校都注重培养学生的职业道德和职业素养，以及提升他们的专业能力。

②团队合作与沟通："团队协作""团队合作""沟通协调能力"等词汇在多个学校的培养目标中出现，说明团队合作和沟通能力被认为是重要的培养目标。

③创新创业："创新创业""创新能力"等词汇在多个学校的培养目标中提及，表明各学校都鼓励学生具备创新创业的精神和能力。

④终身学习与适应："终身学习""不断学习与适应""自我知识更新和能力提升"等词汇频繁出现，说明各学校都强调终身学习的重要性，并希望学生能够不断适应社会发展的需求。

⑤国际视野与跨文化："国际视野""跨文化沟通能力""国际化事业"等词汇在多个学校的培养目标中出现，表明各学校都注重培养学生的国际视野和跨文化沟通能力。

⑥身心健康与人文素养："身心素质""人文素养"等词汇在多个学校的培养目标中被提及，说明各学校都关注学生的身心健康和人文素养的培养。

⑦社会责任与意识："社会责任感""企业社会责任意识"等词汇在部分学校的培养目标中出现，表明学校也注重培养学生的社会责任感和意识。

表5-1　代表院校国际经济与贸易专业人才培养目标比较

	新国标	高校ZA	高校ZB	高校ZC	高校CA	高校CB	高校CC
① 践行社会主义核心价值观	践行社会主义核心价值观	—		践行社会主义核心价值观	良好的政治理论素养	坚持中国特色社会主义大学的本科办学思想	—
② 具有良好思想品质和道德修养	具有良好思想品质和道德修养	德、智、体、美、劳全面发展	德智体美全面发展，具有较高的思想道德素质、人文素质、业务素质、身心素质	德智体美全面发展，具有良好的思想品质和道德修养	思想道德素质，德、智、体、美、劳全面发展	具备正确的政治觉悟、良好的思想品德和人文素养	德、智、体、美、劳全面发展
③ 掌握经济学与贸易知识、基本理论和方法	系统掌握经济学以及经济与贸易类专业基础知识、基本理论和方法	系统掌握经济学及国际经济与贸易基本理论、基本知识	掌握马克思主义经济学基本原理和现代西方经济学基本理论，熟知国际经济与贸易专业的基本理论、基本知识和基本技能	具备现代经济与贸易理论基础	掌握经济与贸易及经济学以类专业基础知识、基本理论和方法	系统掌握理论经济学的主要知识体系，知其他哲学社会科、学理论和现代信息技术理论的基础知识；掌握系统扎实的国际经济与贸易专业理论知识	具有扎实的经济学基础知识、掌握国际经济与贸易理论和分析方法本理论和发展规律
④ 熟悉国际通行的经贸规则	熟悉国际通行的经贸规则	国际视野	熟悉世界贸易组织及不同国家经贸法规	熟悉国际经贸法律、规则、惯例	熟悉国际通行的经贸规则	较好的国际视野	熟悉国际通行的经贸规则
⑤ 认识与把握国内外经济、贸易的运行机制和发展规律	认识与把握国内外经济、贸易的运行机制和发展规律	具备处理对外经济贸易业务能力		掌握现代商务技术	认识与把握国内外经济、贸易的运行机制和发展规律		了解和把握国内外经济、贸易的运行机制和发展规律
⑥ 熟练使用1门外语	熟练使用1门外语		熟练使用一门国际通用的外国语言	良好英语	熟练使用1门外语	能够熟练使用一门国际通用的外国语言	—

续表 5-1

新国标	高校 ZA	高校 ZB	高校 ZC	高校 CA	高校 CB	高校 CC
⑦ 熟练运用现代信息技术	数据思维	熟练运用信息技术	计算机技术知识和应用能力	熟练运用现代信息技术	信息技术应用与处理	—
⑧ 具有良好的沟通、协调能力和创新创业精神	具备高度社会责任感、人文素养、职业道德与创新创业精神	具有较强的创新精神、创业意识，具备经济贸易活动分析能力、国际商务沟通能力、国际市场营销能力	创新创业意识	具有良好的沟通、协调能力和创新创业精神	具有明显创新创业意识、较好国际视野和多元知识体系	—
⑨ 成为适应现代化建设需要的、具有全球视野和较为完善知识体系	立足邢台、面向京津冀，主动适应"一带一路"倡议及京津冀协同发展战略，具备国际视野	—	浙江中小外贸企业，具备国际视野	适应区域经济社会发展需要	服务于我国"一带一路"倡议、上海"五个中心"建设和上海自贸区建设	地方经济开放发展
⑩ 应用型、复合型、创新型人才	复合型、应用型	应用型	应用型	应用型	创新型、应用型、复合型	应用型
⑪ 岗位描述	服务中小外贸企业、企事业单位从事国际贸易操作和管理	企事业单位和政府部门经济分析、国际金融与贸易实务、经营管理	经济管理部门、外资企业、外贸企业	企业和金融机构从事涉外业务等相关工作		在外向型企业、跨国公司等从事进出口经营与管理，在政府涉外经济部门从事相关政策研究与咨询服务等工作

第二节　人才培养方案之毕业要求比较分析

一、什么是毕业要求？

人才培养方案中的毕业要求，也称培养规格，通常涵盖了学生在完成学业时应达到的知识、技能、素质等多方面的标准。这些要求旨在确保学生具备进入职场或进一步深造所需的能力。以下是一些常见的人才培养方案中的毕业要求示例：

（一）专业知识和技能要求

1. 学生应具备所学专业领域的基本知识和技能，能够熟练应用相关理论和方法解决实际问题。

2. 掌握数学、自然科学、工程基础和专业知识，能够将其应用于解决复杂工程问题。

3. 掌握专业领域的基本理论和方法，了解学科前沿动态和发展趋势。

（二）学术素养要求

1. 学生应具备扎实的学科基础，能够独立进行学术思考和研究，掌握科学研究的方法和技巧。

2. 能够进行文献检索、资料查询和运用现代信息技术获取相关信息，具有独立获取新知识的能力。

3. 掌握基本的创新方法，具有创新意识和一定的组织管理能力、较强的表达能力与人际交往能力。

（三）实践能力要求

1. 学生应具备实践能力，能够将所学知识和理论应用到实际工作中，解决实际问题。

2. 完成一定时长的实习或实践经验，获得实际操作技能和行业知识。

3. 能够设计针对复杂问题的解决方案，并考虑社会、健康、安全、法律、文化以及环境等因素。

（四）综合素养要求

1. 学生应培养良好的人文素养和道德品质，具备良好的沟通能力、团队合作精神和领导能力。

2. 具有健康的体魄和良好的心理素质，能够适应社会需求和职业发展。

3. 了解社会发展需要，能够积极参与社会实践活动，为社会做出贡献。

二、毕业要求比较分析

各个应用型大学国际经济与贸易专业毕业要求见表 5-2，从表中可以看出，各个高校对毕业要求表述存在一定差异，但是基本要素都包含在内，诸如综合素质、专业知识、专业技能、沟通能力、创新（研究）能力、学习能力等等。

（一）综合词频分析

通过对各学院国际经济与贸易专业毕业要求的词频分析，我们可以提炼出以下高频关键词和中频关键词。

1. 高频词

思想道德素质：所有学校都强调了毕业生应具备正确的世界观、人生观和价值观，热爱祖国，拥护党的领导，践行社会主义核心价值观。

职业道德：多所学校提到了毕业生应了解并遵守职业道德和规范，具有职业操守。

身心素质：各学校均要求毕业生具有良好的生活习惯、健康的体魄和良好的心理品质。

人文素养：多家学校提到了毕业生应具备一定的人文、历史、哲学、艺术等方面的知识。

创新创业素质：部分学校强调了毕业生应具备创新思维、创业精神和创新创业的实践能力。

2. 中频词

科学文化素质：部分学院提到了毕业生应具备科学常识和现代科技发展趋势的知识。

专业素质：部分学院强调了毕业生应具有扎实的经济学理论基础和专业知识。

社会责任感：部分学院提到了毕业生应具有强烈的社会责任感和奉献精神。

外语能力：部分学院提到了毕业生应具备英语的听、说、读、写和译的基本能力。

计算机能力：部分学院提到了毕业生应掌握大学计算机文化基础知识和基本技能。

职业资格认证：部分学院提到了毕业生应至少获得一项和国际经济与贸易专业相关的职业资格认证。

综上所述，高频关键词主要围绕毕业生的思想道德素质、职业道德、身心素质、人文素养和创新创业素质等方面，这是各学院普遍认为毕业生应具备的基本素质和能力。而中频关键词则进一步细化了各学院对毕业生的具体要求和期望，如科学文化素质、专业素质、社会责任感、外语能力、计算机能力和职业资格认证等。

（二）"知识"要求词频分析

毕业要求中，"知识"要求是必备动作，各学校在表述上大同小异。毕业要求中对"知识"要求的高频词汇依次如下：

国际经济与贸易（出现5次）

经济学（出现4次）

基础知识/基本理论/基本知识（各出现3次）

专业知识/专业技能（各出现3次）

法律法规/惯例（各出现2次）

进出口业务/外贸（各出现2次）

"国际经济与贸易"作为专业的核心名称，在文本中频繁出现，体现了所有学校对该专业名称的共识。"经济学"作为专业的基础学科，也是高频词汇之一，强调了经济学在国际经济与贸易专业中的重要性。"基础知识""基本理论"和"基本知识"这三个词汇的频繁出现，表明各学校都强调学生需要掌握扎实的基础知识、理论和知识。"专业知识"和"专业技能"的多次提及，说明了专业知识和技能在国际经济与贸易专业学习中的重要性。"法律法规"和"惯例"的提及，表明学生需要了解和掌握与国际经济与贸易活动相关的法律法规和国际惯例。"进出口业务"和"外贸"的提及，体现了国际经济与贸易专业与实务操作的紧密联系，学生需要熟悉进出口业务和外贸相关知识。

综上所述，高频词分析显示，国际经济与贸易专业的学生需要全面掌握经济学和国际经济与贸易的基础知识、理论和技能，同时还需要了解和掌握相关的法律法规和国际惯例，以及具备进出口业务和外贸的实务操作能力。这些高频词汇反映了各学校在国际经济与贸易专业培养上的共识和侧重点。

（三）"能力"要求词频分析

应用型高校，能力培养是第一要位，各高校都对能力培养提出了比较具体的要求。其中，在各高校多次出现的高频词如下：

1. 分析与解决问题（出现多次，体现专业能力的要求）

2. 进出口业务 / 外贸（各出现多次，与专业实务紧密相关）

3. 沟通能力（出现多次，是专业能力的重要组成部分）

4. 创新思维 / 创新能力（各出现多次，体现对创新能力的重视）

5. 终身学习（出现多次，强调终身学习的意识和能力）

6. 团队协作（出现多次，体现团队协作的重要性）

7. 跨文化交流（出现多次，与国际经济与贸易专业的国际性质相关）

综合分析来看，"分析与解决问题"的多次提及，体现了国际经济与贸易专业学生需要具备的分析和解决实际问题的能力。"进出口业务"和"外贸"的频繁出现，表明国际经济与贸易专业与实务操作的紧密联系，学生需要熟悉进出口业务和外贸相关知识。"沟通能力"的多次提及，强调了沟通能力在国际经济与贸易专业中的重要性，包括与客户、同行和社会公众的沟通。"创新思维"和"创新能力"的频繁出现，体现了各学校对国际经济与贸易专业学生创新能力的重视和培养。"终身学习"的提及，强调了终身学习在国际经济与贸易专业中的重要性，学生需要具备自主学习和适应新发展的能力。"团队协作"的多次提及，表明团队协作在国际经济与贸易专业学习和工作中的重要性。"跨文化交流"的提及，体现了国际经济与贸易专业的国际性质，学生需要具备跨文化交流的能力和素养。

表5-2 代表院校国际经济与贸易专业人才培养毕业要求比较分析

毕业要求	ZA学院	ZC学院	ZD学院	CB学院	CC学院	CA学院
综合素质	具备较为全面的素质结构，包括思想道德素质、科学文化素质、职业素质和身心素质，具有较高的人文素养和社会责任素养和社会责任感	人文素养和价值观：培育人文素养，树立正确的社会主义核心价值观，践行社会主义核心价值观；职业精神，践行社会主义核心价值观	具有良好思想品质和道德修养，践行社会主义核心价值观，具有较强的社会责任意识，职业道德和劳动精神	拥护中国共产党的领导和中国特色社会主义制度，坚持社会主义核心价值观，注重职业道德和社会公德，具有集体意识，大局意识和奉献精神；具有良好的文学、哲学、心理学、逻辑学和法学等人文素养	应具备较为全面的素质结构，包括思想道德素质、科学文化素质、专业素质、创新创业素质、身心素质等	具有坚持正确的政治方向、良好的思想品德和健全的人格，热爱祖国、热爱人民，拥护中国共产党的领导；具有科学精神、人文修养、专业素养、社会责任感和积极的人生态度，积极参与社会实践，能够传承中华优秀传统文化，了解国情社情民情，践行社会主义核心价值观
专业知识	掌握扎实的经济学及国际经济与贸易专业基础知识，熟悉国际经贸通行的经贸规则	专业知识和技能：牢固掌握本专业所必备的基础知识和专业知识和通识专业能力，培养专业素养	系统掌握经济学、国际经济、国际贸易的基本理论和知识	系统掌握政治经济学和现代西方经济学知识，熟知经济学、统计学、会计学、管理学、财税学、金融学等学科和计算机应用等信息技术本科的基本知识，掌握系统扎实的国际贸易理论和国际经贸实务知识，熟知不同国际经贸组织和共建"一带一路"国家的经贸法规、国际惯例和国际经约	应具备完整的知识结构，包括基础性知识、专业性知识、工具性知识和通识性知识等	经贸知识：具备系统扎实的经济学理论和贸易知识，掌握其研究思路和研究的国际经贸方法，掌握国际经贸学科相关技能；通晓管理学原理和一般方法；通晓国际经贸领域相关政策法规和惯例

续表 5-2

毕业要求	ZA学院	ZC学院	ZD学院	CB学院	CC学院	CA学院
专业能力	能够运用所学专业知识分析和解决国际经济与贸易中的现实问题	理解并运用专业知识和专业技能，具有从事国际经济与贸易工作所必备的基础理论、基础知识、基本技能、基本方法；培养独立操作货物进出口业务、国际市场营销能力	认识和把握当代国际经济、贸易的运行机制和发展规律，熟悉国际通行的经贸规则；系统掌握国际经贸基本知识，熟悉国际经贸流程，具备国际金融实务、国际投资实务的业务操作能力	熟练掌握处理外贸单据、报关、报检等各种国际贸易业务的操作能力；掌握扎实的国际货代和现代跨境通业技能；掌握数学、通用性国际语言和现代信息技术等重要交流或分析工具的熟练应用能力；具备考取国际贸易相关技能证书或在外贸公司，外资企业、国际货代、报关等企事业单位，金融机构和政府机构从事国际贸易相关业务和管理工作的能力	运用专业知识的能力。能够运用国际经济与贸易专业的基本理论、基本知识和实务操作技能对国内外市场进行分析和研究，并能分析问题、提炼问题、洞察问题、提炼问题，分析问题，提高综合运用专业的基础理论和研究知识研究和解决问题的能力	应用能力：具有跨领域知识融通和综合运用相关知识和技能，分析和解决或相关领域贸领域或相关领域复杂问题，提出相应对策或方案，并对对策和方案的政策依据、社会环境和可能的社会影响进行分析

续表 5-2

毕业要求	ZA学院	ZC学院	ZD学院	CB学院	CC学院	CA学院
研究能力	把握国际经贸研究的发展趋势，培养学生独立思考、创新思维的兴趣，具有一定的创新创业能力和科学研究能力	运用专业知识，分析复杂问题，并通过批判性思维和创新能力，提供对策和解决方案　能够掌握国际经济领域现代化业务工具、大数据分析工具等工具的使用，并能够熟练应用于工作岗位	能够运用国际经济与贸易理论对国际贸易和投资管理等实际业务提供简单的解释、设计、解决方案和经济决策，能综合环境、社会、健康、安全、法律及文化等因素提出具有可持续性经济发展的政策建议，并理解应承担的责任。能够基于科学原理并采用科学方法对经济问题进行研究，并充分借助大数据、云计算和人工智能等工具，具备一定能力处理与解释数据分析的能力	掌握运用经济学、统计学、计量经济学和国际贸易学等理论和方法观察、分析、解决国际经济与贸易实际问题的能力；具备发现问题、独立思考和批判思维的创新意识和相应的创新能力	创新思维的能力：具有综合解决不同学科知识解决实际问题的能力，独立思考的能力和创新思维的能力。具备进取意识和探索精神，拥有良好的创新能力、创业能力和一定的科学研究能力	创新能力：具有逻辑思维能力、批判精神和反思意识，能够运用经济学的研究思路和方法组织和开展调查和研究，总结、评价相关领域的现象和问题，见形成个人判断，具有较强的创新创业能力

续表 5-2

毕业要求	ZA学院	ZC学院	ZD学院	CB学院	CC学院	CA学院
团队协作	具有团队协作意识和协作精神，认识团队协作的策略和方法，有小组学习和合作研究等团队协作活动的实践体验	具备一定的领导能力：能够使用书面和口头表达的方式与业界、行和社会公众相关领域的问题进行有效的交流与沟通	能够在多学科背景下的团队中承担个体、团队成员以及负责人的角色	具有良好的语言沟通和团队协作能力		团队合作：具有较强的组织、协调和管理能力，能够与团队成员和谐相处，协作完成复杂事务
沟通能力	培养跨文化交流的兴趣，养成尊重世界不同国家和地区文化及风俗等的良好素养，在读、听、说、写、译等方面熟练掌握英语，具备沟通合作技能		了解主要贸易国家和共建"一带一路"国家经济贸易环境和人文风情，文化交流知识，较宽阔的国际视野和较高的外语语言能力，能够在跨文化背景下进行沟通和交流		具有较好的书面与口语表达能力，较强沟通组织策划能力和活动组织策划能力，熟悉计算机操作，了解财经大数据，一般处理方法，有较好的英语听、说、读、写能力	沟通表达：具有较强沟通表达能力，能够使用规范的语言文字，逻辑清晰地表达观点，能够与社会公众进行有效沟通，具有和传播能力
终身学习	具有自主学习和终身学习的意识，具有自主学习和适应国际贸易新发展的能力	终身学习：具有终身学习和自主学习的意识，自主学习和不断学习的发展的能力			获取专业知识的能力，养成良好的自主学习习惯，学会利用现代科学技术获取经济与贸易的理论前沿知识和行业需求的新知识，具备自我消化知识，自我更新知识的能力	具有自我规划，自我管理、自主学习和终身学习，能够通过不断学习，适应社会和个人高层次发展的需要

第三节　本章小结

本章通过对全国国际经济与贸易本科专业设点高校中一流本科专业建设点的办学情况进行比较分析，重点探讨了人才培养方案中的培养目标和毕业要求。

在培养目标方面，本章首先明确了培养目标在本科人才培养方案中的核心地位，它明确了教育机构期望通过本科教育阶段所培养出的学生应具备的素质、能力和知识结构的总体要求。通过对比分析，我们发现各高校在人才培养目标的设定上大同小异，基本与《普通高等学校本科专业类教学质量国家标准（2018版）》的要求一致，都强调了学生的全面发展、经济学与国际贸易的基础知识、实践能力的培养，以及适应社会和经济发展的需求。同时，各院校也根据自身地理位置和特色，在培养目标中融入了独特的定位和特色优势，如地域特色、专业方向、培养目标等。此外，本章还通过对各高校毕业五年后期望达到的目标进行词频分析，归纳出了应用型高校国际经济与贸易专业毕业五年后的主要培养目标，包括职业素养与能力、团队合作与沟通、创新创业、终身学习与适应、国际视野与跨文化、身心健康与人文素养、社会责任与意识等。

在毕业要求方面，本章首先解释了毕业要求的定义，即学生在完成学业时应达到的知识、技能、素质等多方面的标准。通过对各应用型大学国际经济与贸易专业毕业要求的比较分析，我们发现各高校对毕业要求的表述存在一定差异，但基本要素都包含在内，如综合素质、专业知识、专业技能、沟通能力、创新（研究）能力、学习能力等。本章还通过词频分析，提炼出了高频关键词和中频关键词，这些关键词反映了各学校对毕业生的具体要求和期望。其中，"知识"要求方面，各学校都强调了学生需要掌握扎实的经济学和国际经济与贸易的基础知识、理论和技能，以及相关的法律法规和国际惯例；"能力"要求方面，各高校都对学生的分析与解决问题能力、沟通能力、创新思维、终身学习能力、团队协作能力和跨文化交流能力等提出了具体要求。

综上所述，本章通过对比分析各高校国际经济与贸易专业的人才培养方案，总结了培养目标和毕业要求的共性和特色，为应用型高校国际经济与贸易专业的人才培养提供了有益的参考和借鉴。同时，本章也指出了各高校在人才培养过程中需要关注的重点和改进的方向，以进一步提高人才培养质量和适应市场需求。

第六章

国家级一流本科专业建设点的比较分析·课程体系

课程体系是指同一专业不同课程门类按照门类顺序排列，是教学内容和进程的总和，课程门类排列顺序决定了学生通过学习将获得怎样的知识结构。课程体系是育人活动的指导思想，是培养目标的具体化和依托，它规定了培养目标实施的规划方案。课程体系主要由特定的课程观、课程目标、课程内容、课程结构和课程活动方式所组成，其中课程观起着主导作用。

第一节 《经济与贸易类教学质量国家标准》关于课程体系的说明

一、总体框架

经济与贸易类本科专业课程体系包括理论教学和实践教学两大部分。理论教学包括思想政治理论课程、通识课程、专业基础课程和专业课程；实践教学包括实验（实训）、专业实习、社会实践和毕业论文。

经济与贸易类本科专业培养方案总学分应控制在160学分左右，其中，实践教学累计学分不少于总学分的20%。鼓励精简课程，压缩学分，提高质量。

二、理论教学

第一，思想政治理论课程。经济与贸易类专业应全面实施思想政治理论课程方案，推动中国特色社会主义理论体系进教材、进课堂、进头脑。

第二，通识课程。经济与贸易类专业应根据专业的特点和社会实际需要，设置一定数量的通识课程。通识课程包括大学语文与写作、外语、数学、计算机操作与数据库应用、创新创业教育、体育、国防教育等必修课程，以及根据学校特色和条件设置的人文艺术、社会科学、自然科学等方面的选修课程。

第三，专业基础课程。经济与贸易类专业基础课程包括政治经济学、微观经济学、宏观经济学、会计学、统计学、财政学、金融学、计量经济学、国际经济学、管理学等相关课程。各高校可根据自身专业建设定位与特色，合理安排上述课程的结构与课时。

第四，专业课程。各高校可根据自己的专业特点和条件设定专业必修与选修课程，所设课程应符合专业培养目标要求，体现专业特色。经济与贸易类专业必修课程包括国际贸易学、国际贸易实务、国际结算、跨国公司经营与管理、世界经济、国际政治经济学、中国对外贸易、经济法、国际商法、市场营销、消费经济学、产业经济学、贸易经济学、物流学、服务贸易、期货市场学、电子商务、国际商务、商务谈判等，各高校根据专业要求应至少从中选择开设 6 门课程。各高校可以自主设置专业选修课程，专业选修课程应当与专业必修课程形成逻辑上的拓展和延续关系，并形成课程模块供学生选择性修读。

各高校应创造条件开设创新创业课程，鼓励有条件的高校开设全英文专业课程，鼓励有条件的高校开发跨学科、跨专业的新兴交叉课程，鼓励有条件的高校制定并实施国内（外）学生交换、学分互认，鼓励有条件的高校建立在线开放课程学习认证和学分认定制度，提倡高校间课程资源共享，充分利用网络资源为学生自主学习提供优质课程与便利条件。

三、实践教学

第一，实验（实训）。各高校应根据专业教学的实际需要，独立设置实验（实训）课程或环节，利用实验室或实训基地开展教学活动。

第二，专业实习。各高校的培养方案应至少包含 1 次专业实习，时间累计不少于 8 周。实习过程应有完整的实习记录，实习后学生应提交实习报告。

第三，社会实践。各高校应根据培养目标组织社会实践。社会实践包括社会调查、生产劳动、志愿服务、公益活动、勤工助学和创新创业大赛等。社会实践时间累计应不少于 4 周。各高校应积极开展创业实践，丰富学生的创新创业体验，提升学生的创新精神和创业能力。

第四，毕业论文。经济与贸易类专业毕业论文应体现学术性和实践性。遵守学术道德和学术规范，综合运用所学专业知识，在教师的指导下撰写毕业论文。毕业论文指导教师应由讲师及以上职称的专业教师担任，提倡聘请实务部门有关人员共同指导。毕业论文可采取学术论文、案例分析、调研报告和创业方案设计等形式。建立健全毕业论文质量保证体系，确保论文质量。

第二节　各应用型高校学分学时比较分析

一、学分设置比较

学分是用于计算学生学习量的一种计量单位，在大多数高等教育体系中，学分是评价学生学习成果和学业进展的量化指标。学生需要完成一定数量的学分才能毕业或获得学位。学分是高等学校计算课业时间的单位，一般以一学期中每周上课一小时为一学分。学生读满规定的学分才能毕业。它是衡量学生学习成果和学业进展的量化指标。学分的计算方式通常基于课程小时数、学分权重以及学生的学习表现。例如，一门 3 学分的课程可能要求学生每周投入 3 小时的学习时间，持续一个学期。此外，学分的计算方法还可能基于课程的学时数、学术难度和工作量来确定。

通过查阅各个应用型高校国际经济与贸易专业人才培养方案，笔者发现大部分高校的学分基本在 150~170 学分，符合新国标"160 学分左右"的要求（见表 6-1）。比较高的学校为 166 学分，最低的是 150 学分。但是各高校在学分设置上又是各具特色，除了对课内学分要求外，还规定了课外学分。比如 ZB 学院尽管课内学分要求较低，只有 150 学分，但是设置了"课外学分"要求 34 学分，CB 学院要求 4 学分的"生活政治"学分。这样的设置，既满足了知识能力培养，又凸显了对素质培养的兼顾。

二、学时设置比较

在高等教育中，学时是一个至关重要的概念，是衡量学生学习时间和教师教学工作量的基本单位，它代表了学生在特定课程或活动中投入的时间，它直接关系到学生的学习进度、课程安排以及最终的毕业要求。大部分高校中，一学时通常被定义为 45 分钟或 50 分钟，具体可能因高校而异。学时的计算通常依据课程的性质、内容和教学目标而定。一般来说，理论课程的学时数会根据教学内容的难易程度和知识点数量来确定，而实践课程则可能根据实验、实习、设计等活动的实际需要来安排学时。此外，随着教育改革的深入，一些高校开始将实训时长、思政课实践教学等纳入课时计算体系，以更全面地评价学生的学习成果。

通过查阅各个应用型高校国际经济与贸易专业人才培养方案，部分学校对学时数有统计，部分学校没有明确统计列表。根据各高校人才培养方案，初步统计出学时数见表6-1。统计分析发现，样本高校的平均学时为2342学时，大多数高校的学时在此上下浮动，最高的为2657学时，最低的为1960学时。造成学识差异主要原因在于各高校对于实践教学环节的安排，比如集中实践环节的学时设置不统一。

优化课程设置、提高教学效率、合理安排作业和考试、鼓励学生自主学习、丰富校园文化活动、建立师生沟通机制以及倡导合理的学习观念等措施，可以有效地为学生留出更多的课外时间，促进他们的全面发展。

表6-1　各应用型高校国际经济与贸易专业学分学时统计表

项目	ZA学院	ZB学院	CC学院	CB学院	ZC学院	ZD学院	CA学院
学分	161	150	160	156	160	166	156
相比新国标（160）	+1	-10	—	-4	—	+6	-4
学时	2496	2657	2430	2130	2496	1960	2228
相较平均值（2342）	154	315	88	-212	154	-382	-114

第三节　各应用型高校通识课设置比较分析

一、通识课简介

本科专业人才培养方案中的通识课程是高等教育课程体系中的重要组成部分，通识课程是为培养学生的独立思考能力与判断能力和健全人格、提高基础素养与人文素质所开设的具有基础性与综合性的课程。这些课程可能不直接纳入学生的学科专业体系，但能够丰富其专业学习基础知识与人文内涵，拓宽其文化视野，为其未来的生存与发展提供帮助。通识课程通常包括通识必修课、通识核心课和通识选修课等组成部分。具体分类可能因学校和专业而异，但大致可以归纳为以下三类：

通识必修课：这是所有专业学生都必须修读的课程，如思想政治理论类、形势与政策、军事理论、大学体育、大学英语、计算机基础等。这些课程旨在培养学生的基本素养和综合能力。

通识核心课：这类课程通常包括数学与自然科学、社会科学、哲学和心理学、历史学、语言学、文学与艺术等领域的课程。它们旨在进一步加强学生的科学素养与人文素养。

通识选修课：学生可以根据自己的兴趣和需求，在通识选修课程模块中选择适合自己的课程。这些课程通常包括自然科学类、人文与社会科学类、艺术类、体育健身类、创新实践类等课程模块。

二、各高校通识课比较分析

1.通识必修课应开尽开

通过对样本高校人才培养方案梳理分析发现，各高校对于通识课开设情况比较接近，尤其是必修课，应开尽开，各高校开设情况比较接近：思政类、语言类、信息技术类、身心健康类、创新创业类实现了全覆盖（见表6-2）。

略有差异的地方是各高校在部分课程的学分学时设置存在差异。比如大学英语，作为国际经济与贸易专业，各高校都比较重视语言沟通能力的培养，大学英语都有开设（甚至部分高校还开设了日语课作为选修），但是各学校学时学分差异较大，CC学院设置了7学分110学时，而最高的福州外语外贸学校大学英语设置了16学分256学时，这也反映了该校的语言特色。

2.通识选修课各具特色

通识课设置时，各学校在必修课基础上，一般都设置了10个学分左右的选修课，主要是一些身心健康、跨学科的选修课，旨在培养学生的综合素质。例如，ZA学院设置了10学分通识选修课，分自然科学技术、人文社会科学、身体心理素质、美育教育四个门类，鼓励学生跨类选修与本专业跨度较大的门类，其中限定选修心理健康教育课程至少2学分，限定选修"美育教育"类课程至少2学分。

表6-2 各应用型高校国际经济与贸易专业通识课（必修）开设情况统计表

课程	ZA学院	ZB学院	CC学院	CB学院	ZC学院	ZD学院	CA学院
思想道德与法治	2.5/40	2/30	3/48	3/45	3/48	3/48	3/48
中国近现代史纲要	2.5/40	1/16	3/48	3/45	2/32	3/48	3/48
马克思主义基本原理	3/48	2/34	3/48	3/45	3/48	3/48	3/48
毛泽东思想和中国特色社会主义理论体系概论	2.5/40	4/68	5/80	5/75	4/64	3/48	5/80
习近平新时代中国特色社会主义思想概论	2.5/40	—					
思想政治理论实践	2/32	4/68			2/32		
形势与政策	2/64	2/30	2/64	2	2	2/64	2/32
大学英语	12/192	9/192	7/110	12/240	14/288	12/192	16/256
大学语文	2/32	2/30	2/32	3/45			2/32
信息技术基础	1.5/32	3/46	2/48	2/30	2/32		
军事理论	2/32	2/30	2/36	1	2/32	2/40	2/36
军训	2/2周	2/2周			2/2周	2/2周	2/2周
大学体育	4/128	2/60	4/144	4/120	4/88	4/144	4/144
劳动教育	2/32	2/2周					
就业指导类	1.5/32	2/38	1/18	1/15	2		1/16
创新创业类	1.5/32	2/30	2/32		2	2/32	2/32
合计							

作为通识选修课，各高校根据学生自身的整体学科基础和办学特色，设置了不同方向侧重的选修课。例如 ZD 学院，基于理工科特色，在 10 学分通识选修课中设置了大数据智能化类 2 学分选修课；CB 学院，则基于商学院校特色，在 10 学分通识选修课中设置了商业伦理类 2 学分选修课。

第四节　各高校国际经济与贸易专业课程比较分析

根据《经济与贸易类国家质量标准》，专业课包括专业基础课、专业必修课和选修课。具体规定如下：

（1）专业基础课程包括政治经济学、微观经济学、宏观经济学、会计学、统计学、财政学、金融学、计量经济学、国际经济学、管理学等相关课程。

（2）专业课程，各高校可根据自己的专业特点和条件设定专业必修与选修课程，所设课程应符合专业培养目标要求，体现专业特色。

（3）经济与贸易类专业必修课程包括国际贸易学、国际贸易实务、国际结算、跨国公司经营与管理、世界经济、国际政治经济学、中国对外贸易、经济法、国际商法、市场营销、消费经济学、产业经济学、贸易经济学、物流学、服务贸易、期货市场学、电子商务、国际商务、商务谈判等，各高校根据专业要求应至少从中选择开设 6 门课程。

（4）各高校可以自主设置专业选修课程，专业选修课程应当与专业必修课程形成逻辑上的拓展和延续关系，并形成课程模块供学生选择性修读。

一、专业基础课开设情况分析

专业基础课是与专业知识、技能直接联系的基本课程，包括专业理论基础课和专业技术基础课。它是学生掌握专业知识技能必修的重要课程。专业基础课帮助学生从广泛的基础知识中筛选出与专业相关的部分进行深入学习。通过系统的理论学习和实践训练，专业基础课培养了学生的专业素养和实践能力，为他们将来从事专业工作打下了坚实的基础。专业基础课中的很多内容也是很多职业的通用技能，如语言能力、沟通能力、逻辑思维能力等，这些技能对学生的未来职业发展起到重要的作用。

　　《经济与贸易类国家质量标准》规定了《政治经济学》等 10 门专业基础课。将各高校专业基础课开设情况与《经济与贸易类国家质量标准》进行比较，各个应用型高校国际经济与贸易专业的专业基础课开设比较全面，大部分高校实现了全覆盖（见表 6-3）。部分课程未开设的高校，多数将相似课程在专业必修课中开设。比如 ZB 学院的《国际经济学》未开设，但是在专业必修课中，开设了国际贸易学、国际金融等课程，知识体系基本全覆盖。应用型高校在专业基础课开设时也并非循规蹈矩，而是因校制宜，将一部分课程进行了转型，例如同样是统计学，ZC 学院开设成应用统计学，ZD 学院则是商务统计学。

表 6-3　各应用型高校国际经济与贸易专业基础课开设情况统计表

	ZA 学院	ZB 学院	CC 学院	CB 学院	ZC 学院	ZD 学院	CA 学院
政治经济学	√	√	√	√	×	√	√
微观经济学	√	√	√	√	√	√	√
宏观经济学	√	√	√	√	√	√	√
会计学	√	√	√	√	√	√	√
统计学	√	√	√	√	应用统计学	商务统计学	√
财政学	√	√	√	×	×	√	√
金融学	√	×	√	√	×	√	√
计量经济学	√	√	√	√	√	√	√
国际经济学	√	×	√	√	×	×	√
管理学	√	√	√	√	×	√	√

二、专业必修课开设情况分析

　　本科专业的专业必修课是学生在本科学习阶段必须完成的课程，它们对于奠定专业基础、培养专业素养以及影响学业和职业规划都具有重要意义。专业必修课和选修课共同构成了完整的本科课程体系。专业必修课为学生提供了扎实的专业基础，而选修课则为学生提供了更广阔的知识视野和个性化的学习空间。这些课程通常按照一定的逻辑顺序和知识体系进行安排，确保学生能够系统地学习和掌握专业知识。与选修课不同，专业必修课是学生必须完成的课程，对于获得学位和毕业资格至关重要。

《经济与贸易类国家质量标准》规定了国际贸易学等 19 门专业必修课，要求各高校从中至少选择 6 门课程开设。通过对各样本高校的专业必修课开设情况统计分析，各高校平均开设规定中的 5 门课，部分开设不足 6 门课的高校，多数是将此类课程在选修模块中开设（见表 6-4）。指定必修课程中，开设较多的是国际贸易学、国际贸易实务，这两门课是国际经济与贸易专业最核心的专业课，一个是关于国际贸易的理论与政策，一个是具体的贸易实务基础。指定必修课程，国际政治经济学、消费经济学、产业经济学、贸易经济学、期货市场学等偏理论的非核心课程，在样本高校均未开设，这并非意味着这些课程不重要，而是由于这些课程比较偏理论，对应用型高校的人才培养方向存在偏差，事实上与此类课程相近的、偏向实践的课程也多有开设。

表 6-4 各应用型高校国际经济与贸易专业必修课开设情况统计表

	ZA 学院	ZB 学院	CC 学院	CB 学院	ZC 学院	ZD 学院	CA 学院
国际贸易学	√	√	√	√	√		√
国际贸易实务	√	√	√	√	√	√	√
国际结算		√					√
跨国公司经营与管理				√			
世界经济	√		√	√			
国际政治经济学							
中国对外贸易							
经济法							
国际商法	√	√		√			√
市场营销	√			√			
消费经济学							
产业经济学							
贸易经济学							
物流学		√					

续表 6-4

	ZA 学院	ZB 学院	CC 学院	CB 学院	ZC 学院	ZD 学院	CA 学院
服务贸易	√	√	√			√	
期货市场学							
电子商务							
国际商务	√	√					
商务谈判	√	√					√

三、专业选修课开设情况分析

专业选修课是指学生在选课时只能选择本专业学科开设的课程。这些课程通常是为了满足部分学生对某一特定课程的能力和兴趣，不是所有学生都需要上的必修课程。课程内容与所学专业紧密相关，旨在深化学生对专业知识的理解和掌握。学生可以根据自己的兴趣和职业规划选择相应的课程，具有一定的灵活性。虽然学生有一定的选择权，但选课范围通常被限定在本专业或相关专业内。

（一）选修课开设情况

各样本高校在专业选修课开设时，区分了专业限选课和专业任选课。专业限选课为学生提供了深入学习专业知识的机会，使他们能够在特定的专业领域内获得更深入的理解。通过选择不同方向的专业限选课，学生可以拓宽自己的专业视野，了解专业内的不同领域和发展方向。例如，ZC 学院设置了"国际货代模块""外销实务模块"，规定每个模块内的课程至少修够 7 学分。ZB 学院在"发展能力"设置了"国际投融资能力""国际商务管理能力"等两个发展能力培养模块为选修课程，学生必须选修其中一个模块，修满相应 4 学分；"创新创业实践能力培养"模块为限选课程，包括以下 4 门课程：①学术科技实践活动：学术论文、学术会议、学术讲座、发明创造专利、自主科技创新活动、科研训练计划等；② 创业技能教育与实践活动：创新创业训练项目、职业、执业和从业资格培训、专业技能培训和考证、注册创办公司、专业创业就业讲座和在校期间或创业休学期间开展的创业工作等；③ 社会实践活动：社会调研、科技咨询、志愿服务等；④ 学科与创新创业类竞赛活动：专业学科竞赛、创业大赛、大学生课外学

表6-5 各应用型高校国际经济与贸易专业特色课程开设情况统计表

	ZA 学院	ZB 学院	CC 学院	CB 学院	ZC 学院	ZD 学院	CA 学院
定位特色	区域特色外贸模块					重庆开放型经济研究专题	两岸经贸合作理论与实务；两岸金融合作理论与实务；海丝沿线国家经济概况
方向特色	跨境电商实务；跨境电子商务数据分析与应用；跨境电商综合实训	国际商务策划；VBSE 跨专业综合实训；跨境电子商务实践	网络经济学；期货贸易	企业国际化发展战略；世界市场行情；贸易发展战略	进出口案例调研	跨境电商实训（校企合作课程）；数字营销；数字营销实训	跨境电商平台运营；跨境电子商务；跨境电子商务支付与结算；跨境网络营销；跨境电子商务运营与推广
其他	国际贸易争端与纠纷案例分析		经济史	商业伦理学；国际经贸报刊导读	国际升学；综合能力提升	外贸商展实训（校企合作课程）	

术作品竞赛、技能考试、"互联网+""挑战杯"的大学生课外学术科技作品竞赛等。学生必选其中2门课程，获得不少于4学分。

（二）特色课开设情况

除了选修课，各高校围绕自身办学定位和特色凝练，开设了一批特色鲜明的校本课程，主要涉及区域特色、能力特色等（见表6-5）。

首先，区域特色方面，高校尤其是应用型高校，具有鲜明的地方区域特色，在人才培养目标和课程设置时都有所体现。例如，ZA学院以服务区域中小外贸企业为办学定位，相应的开设了"区域特色外贸模块"系列课程；ZD学院，为服务区域经济社会发展，开设了"重庆开放型经济研究专题"课程；CA学院，基于适应区域经济社会发展需要的办学定位，立足于两岸经贸往来，开设了"两岸经贸合作理论与实务""两岸金融合作理论与实务""海丝沿线国家经济概况"等一批特色鲜明的课程。

其次，能力特色方面，应用型高校以培养应用人才为己任，更加注重实践能力培养，其课程设置紧跟行业实际业务发展。近年来，跨境电商迅速发展，成为对外贸易的一种新趋势，各应用型高校及时跟进，开设了一批相关课程。例如，ZA学院开设了"跨境电商实务""跨境电子商务数据分析与应用""跨境电商综合实训"三门相关课程；CA学院则将跨境电商流程进行拆分，模块化地开设了"跨境电商平台运营""跨境电子商务""跨境电子商务支付与结算""跨境网络营销""跨境电子商务运营与推广"等5门课程。此外，应用型课程对师资、资源的要求比较高，部分高校通过校企合作开设此类课程，诸如ZD学院，开设了10余门校企合作课程。

第五节　本章小结

本章主要对国际经济与贸易专业的课程体系进行了全面的分析，包括国家标准的总体框架、各应用型高校的学分学时比较、通识课设置比较以及专业课程比较分析。

首先，在《经济与贸易类教学质量国家标准》的指导下，课程体系被明确划分为理论教学和实践教学两大部分，涵盖了思想政治理论课程、通识课程、专业基础课程和专业课程等多个方面。实践教学部分则包括实验（实训）、专业实习、社会实践和毕业论文等环节，确保学生在掌握理论知识的同时，也能获得丰富的实践经验。此外，国家标准还强调了精简课程、压缩学分、提高质量的原则，鼓励高校在课程体系上进行创新和优化。

其次，通过对各应用型高校国际经济与贸易专业学分学时的比较分析，本章发现大部分高校的学分设置基本符合国家标准的要求，同时各高校在学分设置上也各具特色，如设置课外学分、生活政治学分等，以兼顾知识能力和素质培养。在学时设置方面，各高校也根据自身的实际情况进行了合理安排，以确保学生能够获得充足的学习时间和实践机会。在通识课设置方面，本章对各高校的通识必修课和选修课进行了比较分析。各高校在通识必修课的开设上比较接近，实现了应开尽开，但在部分课程的学分学时设置上存在差异。在通识选修课上，各高校则根据自身的办学特色和学科基础，设置了不同方向侧重的选修课，以培养学生的综合素质和跨学科能力。

最后，本章对国际经济与贸易专业的专业课程进行了详细的比较分析。包括专业基础课、专业必修课和专业选修课等方面。各应用型高校在专业基础课和专业必修课的开设上比较全面，大部分高校实现了全覆盖，并根据自身特色进行了课程转型和创新。在专业选修课上，各高校则提供了丰富的选择，以满足学生不同的兴趣和职业规划需求。同时，各高校还围绕自身办学定位和特色，开设了一批特色鲜明的校本课程，以提升学生的实践能力和创新能力。

综上所述，本章通过对国际经济与贸易专业课程体系的全面分析，揭示了各应用型高校在课程体系设置上的共性和特色，为高校在课程体系优化和创新方面提供了有益的参考和借鉴。同时，本章也指出了各高校在课程体系设置中需要关注的重点和改进的方向，以进一步提高人才培养质量和更好地适应市场需求。

第七章

国家级一流本科专业建设点比较分析——实践教学

本科专业实践教学是高等教育中的重要组成部分，旨在通过实际操作、实验、实训、实习等方式，使学生将理论知识与实际应用相结合，培养其解决实际问题的能力，提高其职业素养和实践技能。国际经济与贸易作为一个高度应用型的本科专业，其实践教学的重要性尤为显著。国际经济与贸易专业涉及国际贸易惯例、国际商务谈判、国际市场营销、国际支付与结算、国际货物运输与保险、报关与报检、国际商法等专业知识与技能。这些知识与技能的培养不仅要通过理论教学，更要通过实践教学与就业市场接轨。学生在校期间通过模拟真实的工作场景、项目任务或实验操作，使学生能够亲身体验和参与到专业实践中，从而锻炼和提升他们的动手能力、问题解决能力和团队协作能力。这种实践经验的积累，对于学生未来进入职场、快速适应工作环境具有至关重要的作用。

第一节　各高校国际经济与贸易专业实践教学总体开展情况

一、总体要求

《经济与贸易类国家质量标准》对实践教学的要求作了具体说明，实践教学主要包括实验（实训）、专业实习、社会实践、毕业论文等环节，具体说明如下：

第一，实验（实训）。各高校应根据专业教学的实际需要，独立设置实验（实训）课程或环节，利用实验室或实训基地开展教学活动。

第二，专业实习。各高校的培养方案应至少包含1次专业实习，时间累计不少于8周。实习过程应有完整的实习记录，实习后学生应提交实习报告。

第三，社会实践。各高校应根据培养目标组织社会实践。社会实践包括社会调查、生产劳动、志愿服务、公益活动、勤工助学和创新创业大赛等。社会实践时间累计应不少于4周。各高校应积极开展创业实践，丰富学生的创新创业体验，提升学生的创新精神和创业能力。

第四，毕业论文。经济与贸易类专业毕业论文应体现学术性和实践性。遵守学术道德和学术规范，综合运用所学专业知识，在教师的指导下撰写毕业论文。毕业论文指导教师应由讲师及以上职称的专业教师担任，提倡聘请实务部门有关人员共同指导。毕业论文可采取学术论文、案例分析、调研报告和创业方案设计等形式。建立健全毕业论文质量保证体系，确保论文质量。

二、总体开展情况

基于新国标中关于实践教学的精神要求和应用型人才培养需要，应用型学校往往比较注重实践教学，主要体现在两方面。

一是实践教学的学时学分比重较高。根据各样本高校的人才培养方案，统计了各高校国际经济与贸易专业的实践教学学分情况，见表 7-1。样本高校的实践教学学分从 32-51 不等，均值为 38 学分，最高的是 ZC 学院，实践教学学分绝对值为 51.5 学分，最低的 CB 学院也有 26 学分。进一步看实践教学学分在总学分的占比，ZC 学院的实践教学学分占比达 32.2%，样本高校的实践学分占比平均值为 24.3%。

二是实践教学的形式丰富多样。《经济与贸易类国家质量标准》对实践教学的要求作了具体说明，实践教学主要包括实验（实训）、专业实习、社会实践、毕业论文等环节。但实际上各学校在实践教学环节开设时，基于学校办学定位和特色，设置了丰富多样的实践教学项目。例如实习环节，不仅开设了专业实习，还有认知见习、毕业实习等；不仅有毕业论文环节，还有学年论文。实验实训也是做到了应开尽开，而且还具体到了具体外贸业务各环节。

表 7-1 样本高校实践教学学分统计表

	ZA 学院	ZB 学院	CC 学院	CB 学院	ZC 学院	ZD 学院	CA 学院
实践学分	39.5	41	40	26	51.5	32	40
总学分	161	150	160	156	160	166	156
占比	24.5%	27.3%	25.0%	16.7%	32.2%	19.3%	25.6%

第二节 各高校专业实践教学开展情况分析

从表 7-2 中可以看出，各高校在专业见习、专业实习、毕业论文等方面基本上都有开设，各高校之间差异不是特别大。存在较大差异的是实验实训环节，在此重点展开对比分析。

实验实训环节设置比较丰富。各高校在实现实验实训环节不仅设置了专业实践，还有科研训练和综合实践，只是各高校侧重点略有不同。

专业实践：ZA 学院和 ZD 学院比较注重专业实践，将国际贸易业务流程进行拆分设置了比较具体的实践环节，包括外贸商展、跨境电商运营、数据分析、国际货代、国际结算等流程环节。

科研训练：部分高校比较注重学术素养的训练，设置了实践课程，如 CB 学院的《学术素质拓展》《社会调查》，ZC 学院的《进出口案例调研》。

综合实践：样本高校在专业能力培养的同时，也注重学生综合素质的训练，在实践环节开设了"跨专业综合实践""创新创业训练项目""商科公共实验"等实践课程。

表7-2 样本高校实践教学环节开设情况

环节	ZA学院	ZB学院	CC学院	CB学院	ZC学院	ZD学院	CA学院
专业见习	专业见习/社会调查	专业见习	专业认知实习	认知实习 体验实习	专业认知实习	专业认知实习	专业认知
专业实习	专业实习		专业实习	专业实习			
毕业实习	毕业实习	毕业实习	毕业实习	毕业实习	毕业实习	毕业实习	毕业实习
学年论文	学年论文	学年论文	学年论文	学年论文		学年论文	
毕业论文	毕业论文	毕业论文	毕业论文	毕业论文	毕业论文	毕业设计	毕业论文
专业实训	国际贸易从业技能综合实训 跨境电商综合实训 跨境电商实务 跨境电子商务数据分析与应用 国际货代实务 国际贸易单证实务		国际贸易综合模拟实验 进出口业务实训		国际贸易综合实训 外贸单证实训	跨境电商实务实训 国际贸易实务单证综合实训 国际商务谈判综合训练 外贸商展实训 国际结算综合训练	国际贸易综合实训 跨境电商综合实训
科研训练	学科竞赛/社会调查	经济调查（实践活动）		社会调查 学术素质拓展	进出口案例调研	重庆开放型经济研究专题	
综合实践		VBSE跨专业综合实训		商科公共实验	跨专业综合实训	专业创新实践环节	创新创业训练项目

第三节　应用型高校国际经济与贸易专业学科竞赛开展情况

本科高校学科竞赛是高等教育中的重要组成部分，它们为学生提供了一个展示自己学术能力、实践能力和创新能力的平台。学科竞赛通常是由高校、行业协会或政府机构主办的，针对特定学科或领域的比赛活动。竞赛往往涉及学科的前沿问题或实际应用，有助于激发学生对学科的兴趣和热情。竞赛为学生提供了一个与同行交流的平台，有助于拓宽视野，了解学科的最新动态。通过参与竞赛，学生可以锻炼自己的问题解决能力、团队协作能力、时间管理能力和创新能力。在求职过程中，参与过学科竞赛的经历可以成为学生的亮点，增加其就业竞争力。应用型本科高校以培养具有扎实理论基础和较强实践能力的高素质应用型人才为目标。这类高校在课程设置、教学方法和评价体系等方面都更加注重与实际应用的结合，强调培养学生的实践能力和创新精神。对于应用型本科高校而言，学科竞赛不仅是学生展示自己能力和才华的舞台，更是促进学生全面发展、提升教学质量和推动教育教学改革的重要途径。因此，应用型高校通过政策支持、组织管理、师资培训和资源整合等多种措施，积极推动学生参与学科竞赛，提升其实践能力和创新精神，为培养高素质应用型人才贡献力量。

2024 年 3 月 22 日，中国高等教育学会高校竞赛评估与管理体系研究专家工作组发布《2023 全国普通高校大学生竞赛分析报告》，其中包含普通本科院校大学生竞赛榜单 13 个、高职院校大学生竞赛榜单 11 个、省份大学生竞赛榜单 3 个。分析报告列入的竞赛清单参照 2023 年，共 84 项赛事。

具体到国际经济与贸易专业，或者较为宽泛的经济管理类专业的学科竞赛比较多，除了一些专业类学科竞赛，还有一些综合类比赛的参与度也较高。本书整理列举了国际经济与贸易专业参加比较广泛的七项赛事。

一、全国高校商业精英挑战赛国际贸易竞赛

全国高校商业精英挑战赛（China University Business Elite Challenge）是由中国国际贸易促进委员会商业行业委员会牵头，会同有关专业协会（学会）、事业单位联合主办的系列赛事，简称 CUBEC。

全国高校商业精英挑战赛设置品牌策划、国际贸易、会计与商业管理案例、会展创新创业实践、创新创业等 5 大赛事，各赛事下设若干专业赛事，独立进行，基本实现了商科专业全覆盖，累计参赛院校数量 2180 余所。总决赛举办地遍及境内 21 个城市及境外 8 个国家和地区（包括新加坡、澳大利亚、马来西亚、美国、韩国、中国香港、中国台湾、中国澳门）。全国高校商业精英挑战赛各专业赛事均实现了境内与境外竞赛相衔接，经过十余年的发展，业已培育成为我国高等商科教育领域中，专业全覆盖、赛项最齐全、校企合作最深入、国际交流最广泛的赛事活动；集学科竞赛、产学合作与国际交流三位一体的创新实践平台，形成了政府认可、企业肯定、媒体关注和院校欢迎的良好局面。

根据中国高等教育学会高校竞赛评估与管理体系研究工作组发布的《全国普通高校大学生竞赛排行榜》，全国高校商业精英挑战赛 5 大赛事均已纳入全国普通高校大学生竞赛排行榜目录。

全国高校商业精英挑战赛国际贸易竞赛是由中国国际贸易促进委员会商业行业委员会牵头主办的学科竞赛活动。自 2011 年举办起举办。该竞赛包括：①国际贸易业务模拟赛道；②国际贸易与商务专题赛道；③ RCEP 国际市场开拓策划赛道；④涉外商事法律服务赛道；⑤跨境电商赛道合计五个赛道。

全国高校商业精英挑战赛国际贸易竞赛—国际贸易业务模拟赛道，以中国品牌商品博览会形式举行，集展示、洽谈、会议和体验为一体，通过设置百余个国际标准展位，组织多场平行的新产品发布会，并设置新产品互动体验区。各参赛团队以企业名义参展参赛，展示和洽谈的出口商品限定为日用消费品、食品、玩具、纺织服装、工艺品和电子产品等。竞赛内容包括参展商业计划书、展位海报设计与商品陈列、新产品发布会、商贸配对贸易谈判和展后总结报告五个部分，竞赛语言为英语和小语种，完整地反映了外贸企业参展工作和业务全流程。

二、POCIB 全国大学生外贸从业能力大赛

POCIB 全国大学生外贸从业能力大赛由中国国际贸易学会主办，以国际贸易仿真训练为核心方法，将外贸企业的岗位培训和相关院校的人才实践教学环节融为一体，推动全国外经贸院校理论联系实际的教学改革；推

进院校培养高技能实用型人才的进程；推进外经贸院校人才培养水平跨上新台阶；搭建全国外经贸院校互相交流、互相学习、共同进步的平台。

本竞赛分为 POCIB 国际贸易从业技能综合实训模块和数字贸易 B2B 模块两项内容。POCIB 国际贸易从业技能综合实训模块：国际贸易买卖合同的磋商过程，询盘、发盘，还盘和接受环节的英文函电写作技巧；主要贸易术语和结算方式的细节和运用；进出口商品的价格核算、成本控制和扩大利润的方法；国际贸易买卖合同的商定；进出口业务履约基本技巧；主要进出口单据的缮制与运用等。数字贸易 B2B 模块：在数字贸易 B2B 电商平台中进行店铺入驻、商品发布、交易磋商、起草订单、订单履约和营销活动等跨境电商外贸环节中的各项业务流程操作。

三、OCALE 全国跨境电商创新创业能力大赛

OCALE 全国跨境电商创新创业能力大赛旨在深化"以能力和职业发展为导向"的新兴人才培养要求，运用数字贸易技术和数字贸易工具，赋能外贸新业态新模式发展，从而推动院校探索建立跨院系、跨学科、跨专业交叉培养高素质复合型人才的新机制，进一步引导和培养学生的创新精神和实践能力，提升跨境电商人才培养质量。

大赛以竞争博弈为形式，通过构筑不断发展的跨境电商和数字品牌运营的市场状况和竞争态势，搭建产教融合、校企合作的桥梁，让学生通过比赛真正了解和掌握跨境电商零售业务的商业模式、盈利模式，以及通过数字化赋能可持续发展的自有品牌建设，旨在帮助学生建立正确的跨境电商思维方式，提高学生的数字化素养，提升学生系统化的思考决策能力，并培养学生的创新精神。

大赛分为内外贸一体化—数字品牌出海模块和跨境电商运营模块两项内容，两项比赛内容同时进行。内外贸一体化—数字品牌出海模块：通过组委会指定的数字品牌出海模拟沙盘进行。参赛团队获得虚拟初始资金，并以团队形式开展企业品牌数字化运营。企业模拟运营是以回合制展开博弈，整个竞赛过程包含 12 个回合，每个回合参赛团队可进行与品牌运营相关的市场调研、数据分析并制定各项决策。竞赛平台最终根据各团队的盈利情况进行评价，并得出成绩和排名。跨境电商运营模块：通过组委会指定的跨境电商运营决策模拟平台进行。参赛团队获得虚拟初始资金，并

以团队形式开展跨境电商企业模拟运营。企业模拟运营以回合制开展，整个竞赛过程包含 12 个回合，每回合参赛团队都可以进行跨境电商相关的市场调研、数据分析并做出各项运营决策。竞赛平台最终根据各团队的盈利情况进行评价，并得出成绩与排名。

四、"挑战杯"大学生创业计划竞赛

挑战杯是"挑战杯"全国大学生系列科技学术竞赛的简称，是由共青团中央、中国科协、教育部和全国学联共同主办的全国性的大学生课外学术实践竞赛，竞赛官方网站为 www.tiaozhanbei.net。"挑战杯"竞赛在中国共有两个并列项目，一个是"挑战杯"中国大学生创业计划竞赛，另一个则是"挑战杯"全国大学生课外学术科技作品竞赛。这两个项目的全国竞赛交叉轮流开展，每个项目每两年举办一届。

自 1989 年首届竞赛举办以来，"挑战杯"竞赛始终坚持"崇尚科学、追求真知、勤奋学习、锐意创新、迎接挑战"的宗旨，在促进青年创新人才成长、深化高校素质教育、推动经济社会发展等方面发挥了积极作用，在广大高校乃至社会上产生了广泛而良好的影响，被誉为当代大学生科技创新的"奥林匹克"盛会。竞赛的发展得到党和国家领导同志的亲切关怀，江泽民同志为"挑战杯"竞赛题写了杯名，李鹏、李岚清等党和国家领导同志题词勉励。历经十届，"挑战杯"竞赛已经成为：

——吸引广大高校学生共同参与的科技盛会。从最初的 19 所高校发起，发展到 1000 多所高校参与；从 300 多人的小擂台发展到 200 多万大学生的竞技场，"挑战杯"竞赛在广大青年学生中的影响力和号召力显著增强。

——促进优秀青年人才脱颖而出的创新摇篮。竞赛获奖者中已经产生了两位长江学者，6 位国家重点实验室负责人，20 多位教授和博士生导师，70% 的学生获奖后继续攻读更高层次的学历，近 30% 的学生出国深造。他们中的代表人物有：第二届"挑战杯"竞赛获奖者、国家科技进步一等奖获得者、中国十大杰出青年、北京中星微电子有限公司董事长邓中翰，第五届"挑战杯"竞赛获奖者、"中国杰出青年科技创新奖"获得者、安徽中科大讯飞信息科技有限公司总裁刘庆峰，第八届、第九届"挑战杯"竞赛获奖者、"中国青年五四奖章"标兵、南京航空航天大学 2007 级博士研究生胡铃心等。

——引导高校学生推动现代化建设的重要渠道。成果展示、技术转让、科技创业，让"挑战杯"竞赛从象牙塔走向社会，推动了高校科技成果向现实生产力的转化，为经济社会发展做出了积极贡献。

——深化高校素质教育的实践课堂。"挑战杯"已经形成了国家、省、高校三级赛制，广大高校以"挑战杯"竞赛为龙头，不断丰富活动内容，拓展工作载体，把创新教育纳入教育规划，使"挑战杯"竞赛成为大学生参与科技创新活动的重要平台。

——展示全体中华学子创新风采的亮丽舞台。中国香港、澳门、台湾众多高校积极参与竞赛，派出代表团参加观摩和展示。竞赛成为两岸四地青年学子展示创新风采的舞台，增进彼此了解、加深相互感情的重要途径。

创业计划竞赛起源于美国，又称商业计划竞赛，是风靡全球高校的重要赛事。它借用风险投资的运作模式，要求参赛者组成优势互补的竞赛小组，提出一项具有市场前景的技术、产品或者服务，并围绕这一技术、产品或服务，以获得风险投资为目的，完成一份完整、具体、深入的创业计划。竞赛采取学校、省（自治区、直辖市）和全国三级赛制，分预赛、复赛、决赛三个赛段进行。

大力实施"科教兴国"战略，努力培养广大青年的创新、创业意识，造就一代符合未来挑战要求的高素质人才，已经成为实现中华民族伟大复兴的时代要求。作为学生科技活动的新载体，创业计划竞赛在培养复合型、创新型人才，促进高校产学研结合，推动国内风险投资体系建立方面发挥出越来越积极的作用。

五、全国大学生电子商务"创新、创意及创业"挑战赛

全国大学生电子商务"创新、创意及创业"挑战赛（简称三创赛）是在 2009 年由教育部委托教育部高校电子商务类专业教学指导委员会主办的全国性在校大学生学科性竞赛。根据教育部、财政部（教高函〔2010〕13 号）文件精神，三创赛是激发大学生兴趣与潜能，培养大学生创新意识、创意思维、创业能力以及团队协同实战精神的比赛。

三创赛自 2009 年至 2023 年，已成功举办了 13 届。经过多年的发展，大赛的参赛团队不断增加，从第一届的 1500 多支到第十四届官网报名 18

万多支；参赛项目的内涵逐步扩大，同时，大赛创造性地举行了实战赛。大赛的规则也在不断完善，从而保证了大赛更加公开、公平和公正。随着比赛规模越来越大，影响力越来越强，三创赛现已成为颇具影响力的全国性品牌赛事。在2023年全国高校大学生学科竞赛排行榜"创新创业类"赛事中排名第三。多年来，在全国总决赛之后，中央电视台给予新闻报道。

基于教育部落实国家"放管服"政策，从第十届三创赛开始，大赛主办单位由教育部高等学校电子商务类专业教学指导委员会转变为全国电子商务产教融合创新联盟和西安交通大学。以此为契机，三创赛竞赛组织委员会对大赛的生态服务体系进行了多方面探索与创新建设。第十四届三创赛（2023—2024年）将分为常规赛和实战赛两类进行。常规赛包含《三创赛指南》中多个主题；实战赛包括：跨境电商实战赛、乡村振兴实战赛、产学用（BUC）实战赛、商务大数据分析实战赛、直播电商实战赛。两类赛事都按校级赛、省级赛和全国总决赛三级赛事进行比赛。

六、全国大学生市场调查与分析大赛

全国大学生市场调查与分析大赛（以下简称市调大赛）由中国商业统计学会创办于2010年，现已连续举办13届，累计有1000多所高校，5400多校（次），80多万人参赛。2018—2023年，市调大赛连续五年入跻身《全国普通高校学科竞赛榜单》前列，是全国一流的公益性专业品牌赛事，也是学术引领、政府支持、企业认可、海峡两岸暨港澳高度联动的多方协同育人平台。

市调大赛经过13年的蓬勃发展，参赛群体由2012年扩展到台湾，2019年扩展到澳门，2021年扩展到香港，实现全国34个省级行政区全覆盖，架起了海峡两岸及港澳青年同台竞技、交流融通的桥梁。对于弘扬中华文化，促进心灵契合，增进同胞利益福祉意义深远。

竞赛宗旨：引导大学生创新和实践，提高大学生组织、策划、调查实施及数据处理与分析等专业实战能力，培养大学生的社会责任感、服务意识、市场敏锐度和团队协作精神。以赛促学、以赛促教、以赛促改、以赛促创，促进教育链、人才链、产业链的有机衔接，为社会经济发展服务。

竞赛目的：促进统计学、管理学、计算机、数学和社会学等跨专业跨领域融合；促进企业需求融入人才培养环节，倡导"真题真做"，解决实际问题，推进校企融合、理实融合；促进海峡两岸暨港澳青年学子同台竞技和人文交流。

竞赛简介：全日制在读专科生、本科生和研究生均可参赛，专业不限。大赛设专科组、本科组、研究生组和在华留学生组四个竞赛组别；知识赛主要考核学生对于基本理论和基础知识、技能的掌握程度。实践赛包含书面报告＋展示答辩两个部分，主要考查学生理论结合实际的能力、解决实际问题的能力和综合展示能力。

竞赛历时 7 个月，通过校赛、企业命题赛、省赛、全国赛等多层比赛形式，加上学生来自不同专业等因素，培养学生团队协作、现场展示、语言表达，以及多种信息技术的综合应用能力，多角度多层次的提升学生的综合素养。

竞赛赛程：

理论知识赛，个人赛，每年 11 月由大赛组委会组织线上理论知识测试。每人有两次测试机会，以本人最高分为最终成绩。

校赛，团体实践赛，采用报告评审＋现场展示答辩形式，次年的 3 月底前，由各校组织完成。

省赛，团体实践赛，采用报告评审＋现场展示答辩形式，由各赛区组织完成。

省赛完成时间：专科组于次年 4 月 15 日前；研究生组于次年 4 月 20 日前；本科组于次年 4 月 30 日前。

总决赛，团体实践赛，采用报告评审＋现场展示答辩形式，由大赛组委会和承办校共同组织完成。

总决赛完成时间：专科组于次年 4 月底；研究生组、在华留学生组于次年 5 月中旬；本科组于次年 5 月底。

海峡两岸大学生市调大赛，由中国商业统计学会与中华应用统计学会共同主办，于每年 8 月下旬举行。

七、"学创杯"全国大学生创业综合模拟大赛

"学创杯"全国大学生创业综合模拟演训活动是由高等学校国家级实验教学示范中心联席会经管学科组、中国陶行知研究会主办的为激励大学生弘扬时代精神，培养创业意识，提高创业能力，促进高校就业创业教育

的蓬勃开展，发现和培养一批具有创新思维和创业潜力的优秀人才，同时鼓励高校组建创业模拟实验实践平台，积极开展各类大学生创业的一项大型创业活动。

该项活动主要采用创业之星、营销之道、理财之道作为活动平台。让学生体验企业若干轮虚拟年度的创业经营决策以及营销模拟实战，从而了解企业管理过程中可能遇到的各种情况与决策内容，提高学生的实践动手能力、对企业的综合管理能力，以及分析问题解决问题的能力。

截至 2024 年，"学创杯"全国大学生创业综合模拟演训活动至今已成功十一届。十余年来，"学创杯"规模和影响力越来越大，旨在激励大学生弘扬时代精神，培养创业意识，提高创业能力，促进高校就业创业教育的蓬勃开展，发现和培养一批具有创新思维和创业潜力的优秀人才，同时鼓励高校组建创业模拟实践教学平台，积极开展各类大学生创业实践活动。

八、中国国际"互联网 +"大学生创新创业大赛

中国"互联网 +"大学生创新创业大赛，由教育部与政府、各高校共同主办的一项技能大赛。大赛旨在深化高等教育综合改革，激发大学生的创造力，培养造就"大众创业、万众创新"的主力军；推动赛事成果转化，促进"互联网 +"新业态形成，服务经济提质增效升级；以创新引领创业、以创业带动就业，推动高校毕业生更高质量创业就业。

大赛宗旨：以赛促教，探索人才培养新途径。全面提高人才自主培养质量，强化高校课程思政建设，深入推进新工科、新医科、新农科、新文科建设，深化创新创业教育改革，引领各类学校人才培养范式深刻变革，形成新的人才培养质量观和质量标准，切实提高学生的创新精神、创业意识和创新创业能力。以赛促学，培养创新创业生力军。着力造就拔尖创新人才，激励广大青年扎根中国大地了解国情民情，在创新创业中增长智慧才干，怀抱梦想又脚踏实地，敢想敢为又善作善成，做有理想、敢担当、能吃苦、肯奋斗的新时代好青年。以赛促创，搭建产教融合新平台。把教育融入经济社会发展，推动成果转化和产学研用融合，促进教育链、人才链与产业链、创新链有机衔接，以创新引领创业、以创业带动就业，推动形成高校毕业生更高质量创业就业的新局面。

大赛赛制：主体赛事包括高教主赛道、"青年红色筑梦之旅"赛道、职教赛道、产业命题赛道和萌芽赛道。高教主赛道主要采用校级初赛、省级复赛、总决赛三级赛制（不含萌芽赛道以及国际参赛项目）。校级初赛由各院校负责组织，省级复赛由各地负责组织，总决赛由各地按照大赛组委会确定的配额择优遴选推荐项目。大赛组委会将综合考虑各地报名团队数（含邀请国际参赛项目数）、参赛院校数和创新创业教育工作情况等因素分配总决赛名额。

参赛对象：高教主赛道以团队为单位报名参赛。允许跨校组建参赛团队，每个团队的成员不少于 3 人，不多于 15 人（含团队负责人），须为项目的实际核心成员。参赛团队所报参赛创业项目，须为本团队策划或经营的项目，不得借用他人项目参赛。按照参赛学校所在的国家和地区，分为中国大陆参赛项目、中国港澳台地区参赛项目、国际参赛项目三个类别。国际参赛项目和中国港澳台地区参赛项目可根据当地教育情况适当调整学籍和学历的相关参赛要求。根据参赛申报人所处学习阶段，项目分为本科生组、研究生组。根据所处创业阶段，本科生组和研究生组均内设创意组、初创组、成长组，并按照新工科、新医科、新农科、新文科设置参赛项目类型。

第四节　本章小结

本章深入探讨了国际经济与贸易专业实践教学的重要性及其在各高校中的实施情况。实践教学作为高等教育的重要组成部分，对于培养学生的实际操作能力、问题解决能力和职业素养具有不可替代的作用，特别是在国际经济与贸易这一高度应用型的本科专业中显得尤为重要。

首先，本章概述了《经济与贸易类国家质量标准》对实践教学的具体要求，包括实验（实训）、专业实习、社会实践和毕业论文等环节。这些环节共同构成了实践教学体系的完整框架，为学生提供了从理论到实践的全方位培养路径。其次，本章分析了各高校国际经济与贸易专业实践教学的总体开设情况。从实践教学学分占比和开设形式来看，应用型高校普遍注重实践教学，不仅实践教学学分占比高，而且形式多样，涵盖了专业见习、专业实习、毕业论文、实验实训、科研训练和综合实践等多个方面。这些实践教学项目的设置，既满足了国家标准的要求，又体现了各高校的办学特色和人才培养目标。接着，本章详细比较了各高校在专业实践教学环节的具体开设情况。通过对比发现，各高校在实践教学环节的开设上既有共性也有差异。共性在于，各高校都普遍开设了专业见习、专业实习和毕业论文等实践环节；差异则在于，各高校根据自身办学定位和特色，设置了丰富多样的实验实训、科研训练和综合实践项目，以满足学生不同的实践需求和兴趣。此外，本章还重点介绍了应用型高校国际经济与贸易专业学科竞赛的开展情况。学科竞赛作为实践教学的重要组成部分，不仅为学生提供了展示自己能力和才华的舞台，更是促进学生全面发展、提升教学质量和推动教育教学改革的重要途径。

综上所述，本章通过对国际经济与贸易专业实践教学的全面分析，揭示了实践教学在应用型人才培养中的重要作用。各高校应根据自身办学特色和人才培养目标，不断优化实践教学体系，丰富实践教学形式，提高实践教学质量，以更好地满足社会对高素质应用型人才的需求。同时，也应重视学科竞赛的开展，为学生提供更多的实践机会和展示平台，促进其全面发展。

第八章

典型高校国际经济与贸易专业应用型人才培养模式案例分析

本章将对典型高校国际经济与贸易专业应用型人才培养模式展开案例分析，典型高校在国际经济与贸易专业应用型人才培养方面注重理论与实践相结合、产教融合、创新创业教育等方面。这些措施有效地提高了学生的实践能力和创新创业能力，为社会培养了一批批高素质的应用型经贸人才。通过分析典型高校的成功案例，可以总结和提炼出国际经济与贸易专业应用型人才培养的有效模式和经验。这些模式和经验对于其他高校来说具有重要的参考价值，可以帮助它们改进和优化自身的人才培养体系。

根据可获取的文献资料，本章收集整理了怀化学院、广西财经学院、福州外语外贸学院、重庆科技大学、邢台学院、西安翻译学院等高校国际经济与贸易专业人才培养案例素材，这些高校国际经济与贸易专业均是国家级一流本科专业建设点，既有民办高校，也有公办高校，既有综合性院校，也有财经类高校，基本覆盖了各类型高校，这些高校的典型做法应该能为同类院校的应用型转型发展提供有价值的借鉴。

第一节　典型高校人才培养案例介绍

一、怀化学院

（一）学校简介

怀化学院创办于 1958 年，始名为黔阳师范专科学校，2002 年经教育部批准升格为全日制普通本科院校并更名为怀化学院，2004 年获得学士学位授予权，2012 年通过教育部本科教学工作合格评估，2019 年通过教育部本科教学工作审核评估，2021 年获批硕士学位授予立项建设单位，2022 年入选教育部师范教育协同提质计划，2023 年获批首届全国健康学校建设单位及湖南省高校知识产权中心。

学校现有 16 个学院（部），有在校学生的本科专业 50 个，有全日制在校生 2 万余人。学校拥有国家级特色专业 1 个、国家级综合改革试点专业 1 个、国家级一流本科专业建设点 5 个、省级应用特色学科 4 个、省级重点专业 1 个、省级特色专业 7 个、省级综合改革试点专业 4 个、省级一流本科专业建设点 28 个、省级教学团队 3 个、省级科技创新团队 3 个、国家级一流课程 2 门、省级一流课程 61 门。

学校已建成 16 个实践（实验）教学中心，其中省级实践教学示范中心 3 个、省级基础课示范实验室 1 个、省级虚拟仿真实验室 1 个，省级大学生创新创业教育中心 17 个，省级大学生创新创业孵化示范基地（空间）4 个；建有 233 个校外实践教学基地和人才培养基地，其中国家级大学生校外实践教育基地 1 个、省级校企合作人才培养（创新创业教育）基地 14 个、省级优秀实习教学基地 8 个。学校拥有民族药用植物资源研究与利用湖南省重点实验室、国家民委怀化学院中华民族共同体研究基地、湖南省民间非物质文化研究基地等 29 个省（部）级科研平台，民族医药研究与开发、中药制剂与质量控制等 2 个湖南省高校产学研合作示范基地。

近五年来，教师发表的论文 3586 篇，其中高质量论文 749 篇，出版学术专著 202 部；获授权专利 1160 项，专利转化 175 项；获省部级以上科研项目 498 项，国家自科基金、国家社科基金立项 24 项，其中 2023 年获国家级项目 8 项，国社科 5 项，排名全省高校第 13 名；获省部级以上奖励 10 项，其中获省级自然科学奖一等奖、省级哲学社会科学成果奖一等奖各 1 项；教师发表教改论文 512 篇，主持省级以上教改课题 203 项，研究成果获省级教学一等奖 1 项，二、三等奖 9 项；学生参加各类学科竞赛获国家级一等奖 27 项、省级一等奖 248 项，获奖数在全省同类高校中位列第一方阵；学生参加"互联网 +"创新创业大赛获国家铜奖 12 项，省级金奖 8 项、银奖 24 项、铜奖 43 项，获奖总数位居全省高校前列。（2024年 3 月数据）

（二）专业简介

怀化学院国际经济与贸易专业于 2004 年正式面向全国招生，经过 17 年的发展，共培养 2300 余名毕业生。该专业 2016 年获湖南省普通高校"十三五"专业综合改革试点项目立项，2019 年获评为省级一流本科专业建设点，2021 年获评为国家级一流本科专业建设点。

怀化学院国际经济与贸易专业拥有高水平"双师型"教师队伍。现有教授 7 人、博士 17 人、在读博士生 3 人、博导 1 人、硕导 3 人，双师型教师达 100%，同时聘请 16 名企业导师来校教学。近 3 年来，该专业教师获得省部级及以上教学成果奖 3 项，累计出版教材 15 本，省部级及以上教学改革项目 11 项。

（三）案例介绍：怀化学院国际经济与贸易专业的改革发展之路

1. 怀化学院国际经济与贸易专业的定位为：培养适应"一带一路"经济全球化发展与跨境电子商务新业态需要，立足区域对外经济与贸易，培养具有较高的思想道德素质、人文素养和业务素养，系统地掌握经济学、国际贸易与跨境电子商务的基本理论及技能，熟悉通行的国际贸易规则、法律与惯例，胜任进出口业务、外贸企业管理、国际经济技术合作、跨国经营等，富有创新创业素质的应用型专门人才。

2. 怀化学院国际经济与贸易专业拥有中央地方共建"金融与跨境电商仿真实验中心"及"怀化学院经济学院跨境电商孵化基地"等校内实训实践平台。专业基础课程体系建设重点突出现代经济学的基本理论、基础知识和方法，分析和预测国际国内经济形势，把握商机的能力。从基础性、专业性、工具性、通识性方面，通过各项相关课程开展，了解从事国内外经济与贸易的法律法规和惯例，掌握国内外经济与贸易活动专门知识的基本原理，熟悉商务活动、跨境电商的业务内容、业务流程以及商务文书的中外文写作规范，具备从事本专业学术研究和实务操作所需的知识，掌握科学常识和现代科技发展趋势。在此基础上，该专业进一步加强课程建设，革新教学方式方法，2018—2020 年取得省级以上教学成果奖 3 项，专业建设获省级以上奖项 3 项，出版教材 15 本，省级及以上教改立项 11 项。

3. 怀化学院国际经济与贸易专业注重国际贸易实务和操作能力教学与实践，校企合作办学资源丰富。该专业与深圳 321 电商学院、东莞新航线跨境电商服务有限责任公司等公司成立了校企合作班，联合培养跨境电商人才，并开启了怀化学院·阿里巴巴"百城千校，百万英才"跨境电商人才培养项目，构建着怀化学院人文社科类专业校企合作育人新模式。怀化学院国际经济与贸易专业通过企业物理沙盘模拟、VBSE 跨专业综合实训（岗前培训）和跨境电子商务孵化平台的创新创业实践，训练学生的综合执行能力、综合决策能力和创新创业能力，培养学生的全局意识和综合职业素养。近三年来，学生在省部级及以上学科专业竞赛中获奖 50 余项，其中，国家级 14 项。该专业还与多家企业签订了实习就业协议，学生能力强、素质高，深受用人单位好评，应届毕业生初次就业率达 90% 以上。

4.怀化学院国际经济与贸易专业坚持走国际化发展道路,和美国、英国、泰国、澳大利亚等多国世界知名高校签订了联合培养师资及人才框架性协议,不断拓宽教师和学生的国际视野。怀化学院国际经济与贸易专业聘请美国伯米吉州立大学的麦克尔博士和大卫教授为专业"特聘教授"。麦克尔博士定期来校作学术交流,给专业教师传授学术前沿知识和信息。大卫教授则为学生开展为期1个月的授课,授课内容主要为全球商务的基础观点、工具、策略、所涉及的职能四个部分。大卫教授的授课,丰富了学生们对国际商务的认识,还拓展了学生们在解决学习研究问题中寻找数据、寻找方案的思路与途径。怀化学院国际经济与贸易专业还组织教师到国外大学进行短期学术交流和培训,提高教学水平。

怀化学院国际经济与贸易专业努力找寻本专业发展与社会服务间的结合点,发挥自身专业优势,积极为怀化市多家企业服务,在服务中,促进教学科研与市场接轨,探索形成新的商业人才培养模式。

二、广西财经学院

(一)学校简介

广西财经学院2004年升格为本科院校,由广西财政高等专科学校和广西商业高等专科学校合并组建而成。到目前为止是广西壮族自治区唯一的本科层次财经类院校,是广西壮族自治区人民政府重点建设的一所财经类普通本科高校。

学校设有15个教学学院,开设59个本科专业。2021年学校成为硕士学位授予单位,现有会计、金融、税务、审计4个硕士专业学位授权点。现有全日制在校生24139人,教职工1671人,其中专任教师1271人:博士学位教师356人,占比28.01%;硕士学位教师747人,占比58.77%;硕士以上学位教师1103人,占比86.78%;正高职称教师166人,副高级职称教师427人。拥有一批以国家"万人计划"哲学社会科学领军人才、全国文化名家暨"四个一批"人才、"新世纪百千万人才工程"国家级人选、教育部"新世纪优秀人才支持计划"人选、享受国务院政府特殊津贴专家、二级教授、自治区级教学团队和自治区级教学名师等为核心的高层次人才。

近年来,学校大力调整优化学科布局结构,形成了布局合理、优势突出、特色鲜明的与区域经济社会发展高度匹配的高水平学科体系。应用经济学和统计学获批为新一轮广西一流学科建设项目。建有自治区重点实验室 2 个、自治区级智库 4 个、广西高校重点实验室 3 个，人文社会科学重点研究基地 4 个。2018 年至今，学校获国家级科研项目 88 项，省部级科研项目 292 项。其中获得国家社科基金重大专项 1 项重大项目 1 项、重点项目 1 项，国家社科基金立项数稳居全区高校前列。

学校坚持立德树人根本任务，人才培养质量不断提升。现有国家级一流本科专业建设点 6 个、自治区级一流本科专业建设点 14 个，国家级一流本科课程 7 门自治区级一流本科课程 31 门。中国—东盟数字经济学院、数智财会产业学院获批为广西普通本科高校示范性现代产业学院。近年来，学校获国家级教学成果奖 1 项、自治区级教学成果奖 48 项，学生获自治区级以上专业学科竞赛奖项 740 多项。

（二）专业简介

广西财经学院国际经济与贸易专业始于 1996 年，2004 年获批本科招生，2008 年获批国家级第 I 类特色专业建设点，2015 年获批东盟国际贸易特色专业群，2019 年获批国家一流本科专业建设点、自治区一流本科专业建设点，拥有自治区级一流课程 3 门，形成了科教融合、以赛促学和面向东盟的国际化合作育人特色。被艾瑞深中国校友会评为七星级专业，属于世界知名、中国顶尖的高水平专业。

（三）案例介绍：国际贸易专业实践教学的创新思路与实践

广西财经学院国际经济与贸易专业鉴于人才需求的变化以及高校实践教育普遍存在的问题，有必要对国际贸易专业实践教学进行立体化创新设计。通过模块化教学，构建基础实践模块、拓展实践模块、仿真实践模块、综合实践模块以及创新实践模块，全方位提升国际贸易人才的操作能力、外语能力、沟通能力、创新能力以及综合能力，达成对国际贸易人才的培养目标（见表 8–1）。广西财经学院国际经济与贸易专业近年来开展了改革与创新工作，从实践教学模块设计与实践所积累的经验来看，取得了较好的成效。

1.基础实践模块

本模块重点针对学生的国际贸易实务操作能力展开训练，主要依托专业课程的课内实践以及国贸实验室中的软件模拟，同时邀请来自企业一线的导师为学生提供指导。这是当前国内多数高校采用的实践教学方式。该校近年来配备了大量模拟软件，这些软件几乎涵盖了所有专业课程的配套实验环节，例如报关、报检、货运代理、单证处理、国际结算、综合模拟以及跨境电商模拟软件，基本能够实现对学生处理国际贸易流程操作能力的培养。

然而，课内实践和模拟实验存在一定的局限性。主要是实际业务变化极为迅速，例如海关监管方法几乎每年都会发生变化，这些软件模拟相对滞后，校内师资的经验也存在滞后性。所以，聘请外贸公司、管理部门或者行业协会的人员担任兼职实践导师，为学生提供业务指导不失为一种有效的弥补方式。

2. 拓展实践模块

本模块主要对贸易产品、贸易环境和贸易流程方面的知识进行补充，这一目标主要通过校内的拓展活动以及校外参观学习来达成。

在校内，主要采用两种方式：一是开展专业拓展讲座，持续更新并向学生介绍其主要就业区域的经济发展状况、对外贸易发展趋势以及国家对外发展的思路和战略，从而拓宽学生视野，增强学生对贸易发展新趋势的理解；二是不定期开展跨院系拓展活动，充分挖掘和共享内部资源，例如广西财经学院为国际经济与贸易专业开设了泰国语和越南语扩展课程，拓展了学生的语言和跨文化能力。

此外，还与校外外贸企业建立合作共建关系，安排专业学生到企业参观或者见习，使学生能够实际接触企业的运转，增加感性认识。例如，与广西金桥集团合作，每个学年派遣学生到企业见习一周，学习内容包括业务专业知识培训、港口作业参观等，取得了良好的效果；同时，安排学生在第七个学期前往深圳跨境电商学院培训学习两周，考核合格后能够直接与当地外贸企业进行双向选择就业。

3. 仿真实践模块

国际贸易业务综合能力主要体现在学生的商务外语应用能力、商务沟通能力以及统筹协作能力等方面，而这些能力的培养主要依靠仿真实践模块来锻炼，具体形式为参加校内、校外的大类专业技能竞赛。

校内专业竞赛重点体现学生的参与度以及专业能力的融合度，如组织国际贸易专业技能大赛、国际贸易职业能力竞赛、国际商务谈判模拟赛、商品参展布展竞赛、商品参展策划书比赛等。在赛事项目设计方面，除了要考虑与高层次的校外赛事对接之外，还要发挥校内竞赛的灵活性优势。

广西财经学院经过多年探索，近年来连续举办国际贸易专业技能大赛，设置了商品参展策划书撰写、商品展位布展、国际商务谈判模拟等三个环节，并邀请外贸企业人士担任评委，最大限度地模拟了线上交易的前置环节。该比赛吸引了本校 4 个学院、7 个外贸类专业的学生参与，全面锻炼了学生的综合素质。目前，该赛事已成功升级为省级比赛，教育厅对该项赛事在培养学生实践能力方面给予了高度评价。此类赛事能够带来三个方面的益处：一是锻炼和提升学生的综合能力；二是促进校内仿真实践的良性循环；三是企业评委能够发现有潜力的优秀贸易人才，甚至有企业直接在现场向学生发出入职邀请。

4. 综合实践模块

本模块着重于锻炼和提升学生的综合素质能力，关键在于要在国际贸易业务的真实环境中进行，其主要形式为通过校外公司（有真实国际贸易成交业务）驻校、学生创业园区以及校外专业实践基地来实现。在外贸行业日益精细化分工的背景下，外贸公司呈现出人员精英化和规模缩小的趋势，但在跨境电商蓬勃发展的趋势下开展业务，有一些环节如开发客户、电商网络签单及客户维护等，仍然需要大量的人力投入。在部分高校办公条件闲置以及校企合作的背景下，一些公司也有动力在校园设置业务办公点，这样一方面可以为学生提供实践机会，达到训练学生的目的；另一方面自身也能够获得人力成本节约、场地租赁成本降低以及潜在客户发掘等收益。

在校内设立创业园区是许多高校的做法，也是培养综合素质能力的一种途径。国际贸易行业具有人力投入高、实物耗费低的特点，尤其在跨境电商平台进行业务开拓，所需的启动资金大多数创业团队都能够承受。自主创业的学生学习主动性远远超过单方面的填鸭式教学压力下的学生，其综合能力能够得到极大的提升。

让学生到校企合作的实践基地进行实地综合实践，是专业教学非常重要的环节，也是对学生在校期间所学基本理论、基础技能和综合业务素质的综合训练。广西财经学院成立了创新创业学院这一二级机构，专门负责指导学生创业，并提供启动资金和办公场地等支持政策，国际经济与贸易专业的同学积极申报并获批，更有甚者，参加国际贸易专业技能大赛的团队在赞助商支持下，在跨境电商平台上开展 B2C 业务，取得了不错的成绩。

5. 创新实践模块

本模块主要用于提升学生的创新实践能力，关键在于培养学生的创新意识，为学生能够获得进一步提升奠定基础，其主要形式为商科研究方法训练、社会调查以及毕业论文设计。

商科研究方法训练主要是提升学生的国际商务研究视角、方法、写作等能力，规范学生的科学研究，提高学生的学术能力，期望学生不仅学会业务操作，还要学会思考和总结。社会调查与毕业论文也是众多高校对本科学生的要求。从广西财经学院的实践来看，不但培养了学生的实际业务操作能力，而且学生的学术水平也有较大幅度的提高，近年来都有国际经济与贸易专业的学生在公开期刊上发表论文，这都能够为他们在考取研究生或者进入相关公职单位增加有力的砝码。

针对国际经济与贸易专业传统实践教学模式普遍存在的弊端，加强实践教学体系的改革，对于培养符合社会需求的应用型人才具有重要意义。随着各院校国际经济与贸易专业实践教学的不断优化和改革，加强对学生操作能力、外语能力、沟通能力、创新能力的训练，将会为社会输送更多符合社会需求的人才。

表 8-1　广西财经大学模块化实践教学体系

模块	校内形式	校外形式	能力培养
基础实践模块	课内实践	业界指导	操作能力
	模拟软件		
拓展实践模块	拓展讲座	合作企业	外语能力 沟通能力
	拓展活动		
	校内实训		
仿真实践模块	校内竞赛	校外竞赛	
综合实践模块	公司驻校	实践基地	综合能力
	创业园		
创新实践模块	商科研究方法	企业实习	创新能力
	毕业论文		
	社会调查		

三、福州外语外贸学院

（一）学校简介

福州外语外贸学院是经教育部批准设立的全日制普通本科高校，中国民办教育协会高等教育专业委员会常务副理事长单位、硕士学位授予培育单位，福建省一流应用型建设高校培育单位。学校前身为创办于 2004 年的福州外语外贸职业技术学院，2011 年升格本科，2018 年通过教育部普通高等学校本科教学工作合格评估。在福建省教育评估研究中心发布的《2018 福建省普通高校发展潜力监测报告》中，学校办学发展潜力位居福建省民办本科高校首位，其中资源整合、人才培养、科学研究、社会服务、综合声誉等指标均位列民办本科高校第一。在 2024 年校友会中国大学排名中，学校综合指标跃升中国民办大学排行榜（财经类）第 3 位，连续 6 年福建省第一位，是国内办学水平最高的财经类民办高校之一。

（二）专业简介

福州外语外贸学院国际经济与贸易专业立足福建，面向国际商贸产业链，服务区域开放型经济，致力于建设全省领先、同类院校全国一流的跨学科交叉的新文科人才培养体系。结合区域发展与学校"外 +""信息 +"办学特色，以国际贸易实务为专业特色，重点建设国际贸易实务（双语）方向，拓展数字贸易方向。专业基于"国际经贸素养 + 国际贸易技能 + 外语应用能力"的三维渗透人才培养模式，优化国际化办学，以全英文授课国际班建设为抓手，开拓学生国际化视野，致力于培养掌握国际贸易基本理论和方法，熟悉国内外经济贸易运行机制和发展规律，具备良好国际贸易专业技能，具有全球化视野与良好跨文化交际能力的应用型、复合型、创新型人才。

该专业 2019 年入选首批国家级一流本科专业建设点，是福建省"应用经济学"省级应用型学科、"国际商贸示范性应用型人才培养专业群"省级示范性专业群的核心专业，是艾瑞森中国校友会网 2023 校友会 6 星级中国顶尖应用型专业。拥有国际经济与贸易等 2 个省级教学团队，开放型经济与贸易研究中心等 2 个省级高校人文社科研究基地，跨境电商实验中心等 2 个省级实验教学示范中心；获批国家社科基金项目"产品空间视域下中国－东盟外贸产业价值链重构及韧性提升策略研究"；获批外事礼仪国家级一流课程，国际贸易实务等省级一流本科课程9门。

（三）案例分析：跨学科交叉的新文科人才培养体系

作为福建省民办本科院校，福州外语外贸学院2011年开始设立国际经济与贸易本科专业，一直在积极探索，力求结合自身实际，突出专业特色，培养能够服务于地方经济发展的应用型外经贸人才，以满足海峡西岸经济区对高素质人才的需求，从而走出一条不同于传统普通本科高校的国贸人才培养新路径。

1.构建"专业+双语"的人才培养特色

福外在国贸专业人才培养目标中提出：努力构建"专业+双语（英语和法语）"或"专业+双语（英语和日语）"的复合型创新人才培养新模式，旨在培养面向国际商贸产业链的具有国际视野和良好的商贸素养、较强的外语应用能力，能够熟练应用英语、法语（或日语）开展贸易活动相关工作的"商贸+外语"复合型、应用型人才。基于上述目标，CA学院的国贸专业设立了针对日本和法国贸易的创新型人才培养实验班。这两个实验班的专业基础课程和核心课程与普通班保持一致，其区别在于专业方向限选课程。具体而言，对日语实验班开设了综合日语、日语口语、日语翻译及商务日语等课程；而对法语实验班则开设了综合法语、法语口语（注：原日语法语修改为法语口语）法语翻译及商务法语等课程。旨在提升学生英语能力的同时，加强日语或法语的教学力度，使学生深入了解相应语言国家的社会、经济及文化风貌，并着重强调对日本或法语区企业文化的理解与掌握，从而培养学生熟练运用英语、日语或法语进行国际贸易活动的能力。通过增强学生的语言能力和专业素养，助力学生更好地融入并适应福建海峡西岸经济区的就业市场。福外国贸专业所采用的强调专业与双语结合的人才培养新模式，不仅依托福外独特的外语专业学科优势，还紧密贴合海峡西岸经济区经济建设的实际需求，是培育高水平、合格的外经贸应用型及复合型人才的坚实基石。

2.构建服务地方经济的课程体系

福外国贸专业的课程体系主要由公共课程、专业基础课程、专业核心课程、专业方向课程构成，其中专业方向课程设置国际贸易实务、国际物流、国际商务三个方向。学生可在基础课程学习的基础上，在导师的指导下根据自己的职业生涯规划选择自己的专业方向，并选择专业课程。这三大方向致力于培养海西经济区急需的外经贸行业高层次、应用型人才，以满足区域经济发展的战略需求。其中，国际贸易实务方向侧重于培养具备扎实国际贸易实际操作技能的人才，他们将从事经贸业务管理、进出口业务操作、外贸企业管理、国际经济技术合作及跨国经营等广泛的对外经济和对外贸易活动，成为应用型专门人才。国际物流方向旨在培养能够掌握国际物流的基本理论框架、操作技术和先进物流管理系统管理技术，辅以国际经济、国际商务类基础知识与技能，熟悉国际商务运作规则的应用型、复合型的职业高级商务专门人才；国际商务方向培养具有较强的国际贸易业务处理能力、处理外贸函电能力、制单能力、国际货运代理能力、进出口报关能力、国际结算能力以及对外洽谈能力，能够胜任外贸行业系列岗位群工作及相关经贸工作的复合型应用人才。

为了更有效地培养符合海西经济区发展需求的应用型高级商务人才，并凸显地方产业特色，福外国贸专业特别增设了"福建省出口产品竞争力分析"与"闽台经贸专题探讨"等课程，这些课程具有鲜明的区域特色。同时福外还与台湾树德科技大学等台湾高校合作，引入台湾高校优质课程与教学资源，目前引入的主要课程有港埠经营与管理、航空站经营与管理、全球运筹管理等，旨在培养能在物流运输业、国际货代、跨国公司从事物流运输、服务营销（尤其是对台货运业务）等工作的应用型人才。

3. 构建"校内＋校外"的实践教学体系

实践教学体系的构建是培养合格应用型人才的重要保障，国贸专业是一门实践性、操作性较强的专业，实践教学能给学生提供较好的动手操作机会，是将理论转化成操作技能的重要手段，重视实践教学体系的建设，才能有效将学生培养成动手能力强的、服务地方经济的应用型人才。福外国贸专业高度重视学生实习实践能力的提高，其实践教学比重达到26.17%，这一比例高于教育部规定的经济、管理类专业不低于30%的实践教学比例标准。目前福外国贸专业构建的实践教学体系由"校内"和"校外"两部分共同组成。校内实训基地主要由仿真实训室构成，它们分别是进出口贸易仿真实训室、国际货运实训室、国贸软件实训室，VBSE 虚拟商业环境企业运营仿真模拟综合实验室。校内实训室均按照外贸业务流程和外贸业务所涉及的企事业部门来仿真建设的，是集企业注册登记、报关报检、投保、银行结汇、出口核销退税以及全程物流运转等外贸业务流程于一体的校内实验基地，主要承担国际贸易模拟操作、国际结算与单证制作、国际商务谈判模拟等单独设置的实践教学环节的教学任务。校内实训室的仿真实训，使学生能直观了解外贸业务的基本流程，并促进他们从感性认识向理性理解的转变。

校外实训基地主要由参与共建的企业和协会组成，目前建有东方超捷国际货代和正瀚国际两个省级大学生校外实践基地，另有福州顺邦国际贸易有限公司、厦门万利德进出口有限公司、福建华铭贸易有限公司、福建康力美耐皿制品有限公司等 18 个校外实习基地。这些校企合作企业主要承担着接纳学生进入企业实习的工作任务，在缩短学生与岗位之间的距离、产学研合作、提高毕业生就业率等方面起到了重要的作用。

四、重庆科技大学

（一）学校简介

重庆科技大学是一所全日制公办普通本科院校，学校前身是创办于 1951 年的原中央部委所属学校重庆工业高等专科学校和重庆石油高等专科学校，2004 年 5 月，教育部批准两校合并设立重庆科技学院。2023 年 11 月，教育部同意重庆科技学院更名为重庆科技大学。

学校是全国卓越工程师教育培养计划试点单位、全国应用技术大学（学院）联盟副理事长单位、全国应用型高校研究生教育发展联盟副理事长单位、重庆市属高校转型发展联盟理事长单位，是重庆市重点支持的高水平新工科高校，被评为全国深化创新创业教育改革示范高校、全国创新创业典型经验高校。学校 2011 年成为"服务国家特殊需求人才培养项目"工程硕士专业学位研究生教育试点单位，2017 年成为硕士学位授予单位，2021 年成为博士学位授予立项建设单位。

（二）专业简介

该校国际经济与贸易专业以习近平新时代中国特色社会主义思想为指导，围绕成渝地区双城经济圈、陆海新通道，积极融入"一带一路"，加快内陆开放高地建设等，落实新文科发展理念，完善新文科机制建设，以高质量培养人才为主题，以教学供给侧结构性改革为主线，以学习方式革命为主动，以行业绿色化、数字化、国际化转型发展为契机，以数字贸易和绿色贸易课程体系建设为特色，以产教深度融合为路径，深化"三导师"

制和"五位一体"人才培养模式改革，赋能专业建设激励机制，扎实持续改进，不断提升培养人才的能力和教学质量，不断提升专业在西南地区应用型人才培养层次中的影响力。国际经济与贸易专业获批 2022 年国家级一流本科专业建设点，在师生共同努力下，专业建设取得了长足进步。国际经济与贸易专业在校友会 2023 中国大学国际经济与贸易专业排名（应用型）中，综合排名位列第八，相较 2022 年提升了四十名。榜单办学层次也由 2022 年的"中国一流应用型专业"提升为"中国顶尖应用型专业"。

（三）案例分析：国际经济与贸易专业数字化转型发展

重庆科技大学国际经济与贸易专业在数字贸易人才培养上所进行的改革在应用型地方本科院校中较早，在 2017 年 3 月启动了人才培养数字化转型改革工程，实施了专业知识数字化转型、课程数字化转型、学生能力数字化转型、教学手段数字化转型和师资力量数字化转型五个重点建设，全面推开了数字贸易人才的培养。在此后的五年里，该专业不断加大深化改革的步骤，逐渐形成了新文科改革思路并予以实践。

1. 坚持立德树人，优化人才培养目标

在 2017 级人才培养方案的毕业要求中，第一次明确了学生的数字知识和能力要求，并开设跨境电商课程；在 2019 级人才培养方案中明确了"德智体美劳全面发展"目标；在 2021 级人才培养方案的培养目标总述中再次增加"顺应数字经济与数字贸易时代人才需求"等文字，并将"数字素养和数字能力"作为毕业要求的一级指标，要求学生"能够熟练选择和运用现代信息技术和资源，具备数字时代国际贸易及投资所需的数字素养和数字能力"，最终形成了具有鲜明新文科特色的"依托学校石油冶金两大学科优势，聚焦西部陆海新通道和成渝地区双城经济圈建设，坚持立德树人，践行社会主义核心价值观，致力于培养德智体美劳全面发展，服务数字贸易、绿色贸易，具有国际视野、家国情怀的国际经济与贸易应用型人才"的专业定位。

2. 改革课程体系与教学内容

专业从三个方面优化了课程体系与教学内容。一是支撑新文科人才培养目标，构建更加注重学生家国情怀、德智体美劳全面发展和创新创业能力的课程体系。专业构建了通识教育、专业教育和第二课堂构成的课程体系，设置了"四史"教育、劳动教育、社会实践、创新实践和职业生涯教育等专门学分。二是顺应了经贸行业绿色化、数字化和国际化的发展趋势，对专业知识体系、能力体系进行重构，如图 8-1 所示。主要变化体现在：经济学理论模块增加了数字经济学；贸易模块由原来的货物贸易重点向货物贸易和服务贸易并重的格局；贸易模块增加了重要的跨境电商和数字服务贸易新知识；海外市场数字营销成为新重点；金融模块里数字金融成为新知识领域；贯彻始终的学科基本能力增加了数字技术和应用及创新创业。三是实施"全球视野中国实践"理念，改革课程内容，将产业热点、科研成果融入教学，帮助学生了解相关专业和行业领域的国家战略、法律法规和相关政策，引导学生深入社会实践、关注现实问题，培育学生经世济民、诚信服务和德法兼修的职业素养。对主要课程进行改革，新增了一些课程（见表 8-2），并对现有课程内容进行更新（见表 8-3）。

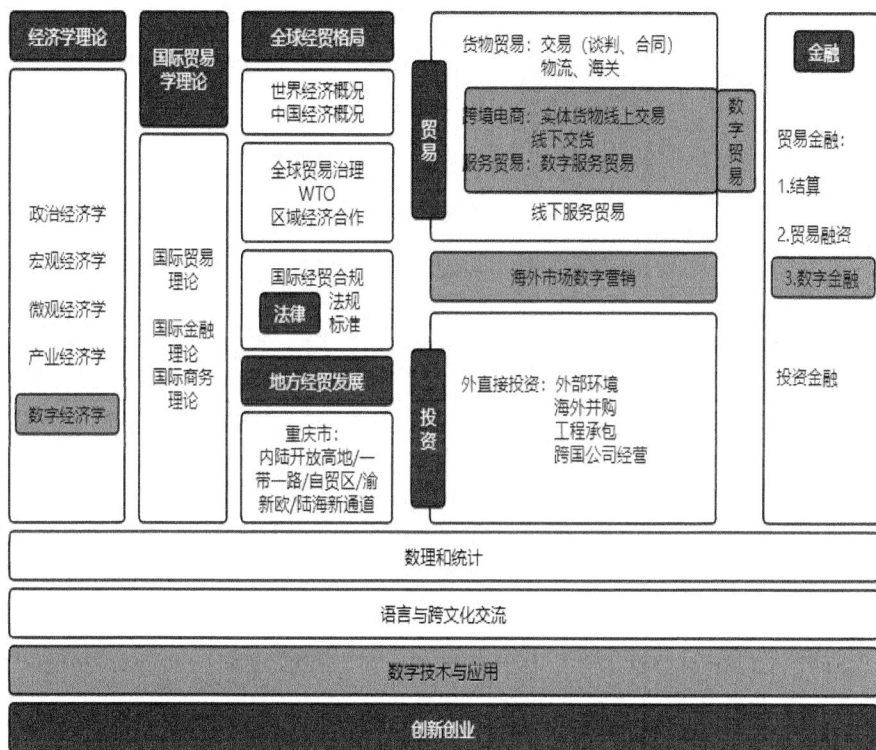

图 8-1 重庆科技大学国际经济与贸易专业课程改革

表 8-2　重庆科技大学国际经济与贸易专业课程体系改革列表

课程类型	新增课程
通识课	创新创业基础课程
	大数据智能化类课程
	四史类课程
	劳动教育
学科基础课	数字经济学
专业课程	跨境电商（理论＋实训）
	数字营销实训
	跨境电商数据分析
	重庆开放型经济研究专题
	创新实践环节
第二课堂	社会实践

表 8-3　重庆科技大学国际经济与贸易专业课程内容更新列表

序号	课程名称	更新内容
1	国际服务贸易	增加数字服务贸易内容
2	国际营销学	增加数字营销部分
3	国际贸易与沟通	增加"一带一路"共建国家
4	经贸地理	增加"一带一路"经贸地理课程，聚焦"一带一路"共建国家
5	WTO 概论	改为国际经贸规则课程，涵盖区域经济合作部分
6	海关业务与管理	增加单一窗口实训部分

3. 夯实教育教学"新基建"

该专业大力优化以学生为中心的课堂教学模式，建设了一批高质量的线上线下教学资源，实施了"核心课程品牌化、通识课程在线化、课程资源网络化、教学方式信息化、考核方式多元化"五项工程，并通过校企合作课程、研究性课程和第二课堂积极培养学生的思辨能力和自主学习能力。教师也积极开发新文科教材，出版了《国际服务贸易》《国际商务谈判（双语）》《数字营销》等新教材。

4. 深化双创人才培养模式改革

该专业充分利用校友资源，创新了"学术导师＋课程导师＋企业导师"三导师制，初步形成了"课堂＋竞赛＋科研＋创业＋社会服务"五位一体的人才培养模式，使"理论与实践、科研与教学、专业教育与双创教育、课内与课外、校内与校外"紧密结合。近年来，该专业获国家级奖项百余项，创业基金近百万元，孵化企业十余家。

5. 加强基层教学组织和师资数字能力建设

该专业从 2019 年就开始实施云上和线下教研活动的结合，全体教师分为 5 个课程群组，通过不定时的云上教研活动和每月两次的线下教研活动，推动思想政治、师德师风和业务能力水平整体提高。这种学习型的教研室文化，极大地增强了集体凝聚力和教师的获得感。专业积极推动教师主动适应信息化、人工智能等新技术变革，通过鼓励分层分类支持教师到企业挂职锻炼和研修、进行职业资格认定等方式，大力提升教师数字能力，包括基本数字能力、数字学习能力和数字教学能力等，为专业和课程转型提供了师资保障。

五、邢台学院

（一）学校简介

邢台学院始建于 1910 年，前身是直隶第四初级师范学堂，2002 年更名为邢台学院，升格为全日制本科院校。目前，学校占地面积 706 亩，教学科研仪器设备值 1.82 亿元，图书总数 165.5 万册。现有 56 个本科专业，国家级特色专业建设点 1 个，国家级一流本科专业建设点 3 个，省级重点发展学科 3 个，省级一流本科专业 4 个，省级一流本科专业建设点 5 个，省级科普基地 3 个，省级现代产业学院 2 个。全日制在校生 17666 人，近五年学生参加各类活动和竞赛，获省级以上奖励 923 项，其中国家级奖励 152 项。全校现有教职工 1200 余人。近五年，获评河北省师德标兵、省优秀教育工作者、省宣传思想文化青年英才、省"三三三"人才称号等 21 人；引进外国院士、国务院特殊津贴专家、"万人计划"青年拔尖人才、突贡中青年专家、天山学者等 14 人；河北省高校"黄大年式教师团队" 1 个；双师双能型教师比例接近 50%。

学校紧密围绕立德树人根本任务，秉承"纯德实学"校训精神，着力培养社会需要的创新型、应用型人才，形成了师范教育和应用发展两大教育体系。2014 年通过教育部本科教学工作合格评估后，2016 年被省学位委员会确定为硕士学位授权立项建设单位。2019 年以来，先后获批河北省第二批普通本科高校向应用技术类型高校转型发展试点学校；教育部中华优秀传统文化传承基地（邢窑白瓷）建设单位；工信部"校企协同就业创业创新示范实践基地"建设单位；河北省教育评价改革试点学校；教育部"一站式"学生社区建设试点单位；被列入教育部师范教育协同提质计划重点支持学校。2024 年 5 月，中国大学排行榜官网正式发布本年度中国大学评级结果，在河北省大学评级中，该校在同类学校中排名第三。

（二）专业简介

邢台学院国际经济与贸易专业办学历史追溯至 1983 年，为河北省内同类院校较早开设专业，先后获批国家级特色专业建设点（2010）、河北省专业综合改革试点（2012）、河北省一流本科专业建设点（2019）、国家级一流本科专业建设点（2022）、河北省应用型转型示范专业（2023、2024），所在学科国际贸易学于 2013 年获批河北省重点发展学科。该专业一直以培养地方外贸经济人才为己任，通过对接区域内外贸企业、行业协会、政府等相关资源，协同育人，形成了产教深度融合的人才培养模式，为地方外贸经济提供了人才和智力支持。

（三）案例分析：校企双向"四进"的产教融合协同育人模式

长久以来，许多地方本科院校在人才培养上存在校企分离、教学与实践脱节、学业与就业不统一的现象。重课堂理论学习，忽视社会实践，学生应用能力差，学校人才培养与企业的需求不对接。一方面地方本科院校培养的学生难以找到合适工作，另一方面是中小企业难以吸引到优秀的人才，特别是像邢台这样的经济欠发达地区，问题更加突出。造成这种尴尬的原因就是高等教育存在"三脱节"现象：即教学内容与生产实际相脱节，一本教材用数十年不变，早已无法适应经济社会的发展需求；教师本身的知识结构与日新月异的科学技术发展脱节；学生从中学校园走进大学校园，从课堂到课堂，与外界社会相脱节。如何破解这一问题？这就要改变原有的培养模式，要尽最大可能缩短理论与实践之间的差距，把知行统一的理念贯彻到实际教学中去，使知识与技能结合、理论与实践相一致，培养符合社会需求的高素质应用型人才。

基于此，经济与贸易学院依据我校建设"应用型地方本科院校"的办学定位，培养"优秀公民、应用人才"的培养目标，以校企深度融合、共建实体外贸公司为抓手，初步构建了校企"四进"双赢机制，实现了校企合作良性互动，为区域经济发展培养"下得去、用得上、留得下、干得好"的应用型人才。

1.地方本科院校应用型人才培养的痛点分析

（1）缺乏长效双赢机制，校企合作校热企冷

校企合作是应用型人才培养必由之路。合作中，企业需要投入人力、资源支持学校人才培养，学校为企业培养所需人才或者提供科研智力支持，实现校企双赢。然而，由于企业人才需求难以有效满足，高校科研服务能力又较弱，造成企业投入与所得不匹配，企业积极性不高，表现为"校热企冷"，很多校企合作项目难以长效运营，制约了应用型人才培养。

（2）区域人才供需错配，招人难就业难并存

县域中小企业作为区域经济的重要组成部分，尤其是河北省，全省中小企业数量 16.7 万家，占比达 90% 以上，其中大部分企业分布于县域。县域企业小、工作生活条件差的就业环境与毕业生大城市、大企业的就业观冲突，毕业生初次就业一般会选择在城市，尤其大城市就业，这就导致了县域外贸行业人才供需错配，企业招不到人与学生找不到工作长期并存。

2.基于现代产业学院的应用型人才培养模式改革实践

邢台学院以跨境电商产业学院为平台，以引企入校为突破口，构建校企双赢发展机制，推动产教融合发展、共赢发展。

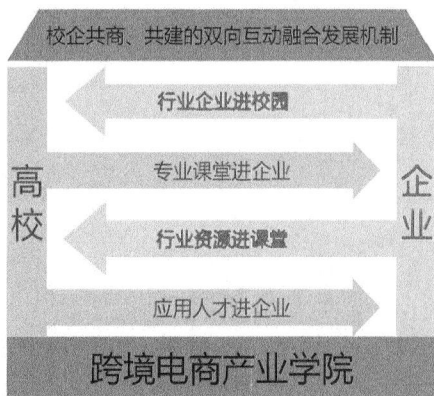

图 8-2 校企双向互动融合发展机制

（1）引企入校，搭建平台

2009 年，引企入校：邢台学院与河北强久集团在原有合作的基础上，本着"优势互补、全面合作、共同发展"的原则，于 2009 年 12 月双方共同注册成立"河北邢久车业科技有限公司"。公司性质为有限责任公司，注册资本为 600 万元，邢台学院以实物设备方式出资，强久集团以货币方式出资。公司生产所在地为强久集团，销售中心设在邢台学院校区内，主要负责强久集团自行车的网络销售、研发、设计等任务，同时承担国际经济与贸易专业学生的外贸业务培训和实习任务。根据校企合作协议，经贸学院专业教师可以直接参与邢久的外贸业务经营，学生利用公司实际发生的业务订单为载体，结合专业课程进行"全真订单、仿真模拟"的强化实训，在具体业务中将所学知识加以运用。同时，在专业教师的引导下，邢久公司也培养出了一批"用得上、留得住"的人才，解决了中小企业的人才困境。通过企业与学校的良性互动，实现了贯穿专业课程教学全过程的产学联动、产学深度融合。

2022 年，引行入校：将原来对接一家企业变为对接整个外贸行业。为培养应用型跨境电商人才，服务邢台对外贸易高质量发展，在市发改委、市商务局等政府部门的大力支持下，邢台学院联合邢台网商会、河北佳诺电子商务有限公司等行业企业，于 2021 年共同组建了邢台学院跨境电商产业学院，将行业外贸业务迁移至产业学院内。

图 8-3 位于学校融合发展中心的邢台学院跨境电商产业学院

（2）双赢机制，良性互动

基于产业学院平台，构建了"行业企业进校园，专业课堂进企业，行业资源进课堂，应用人才进企业"的"四进"双赢机制。

一是行业企业进校园（企赢）：产业学院运营场地设在校园内，免费吸引区域内中小外贸企业（尤其是县域企业）入驻，一方面能够降低企业运营成本，另一方面企业能够享受行业聚集效应，再者能够提升企业形象。目前入驻产业学院联合办公外贸企业20余家。

二是专业课堂进企业（校赢）：将实践性较强的课程、实习实训全部搬到产业学院授课，让学生在真实行业环境中"沉浸式"学习，深度了解行业岗位需求。2025年春季学期，遴选国贸专业学生15人，在产业学院开展全学期"半工半读"式实践学习。

三是行业资源进课堂（校赢）：企业在产业学院课堂就地将真实业务转化为教学资源，业务骨干转变为行业导师，校企共建课程、共同授课，学生在行业导师指导下"真题真做"。目前已开设校企合作课程包括《跨境电商实务》《跨境电商数据分析》等课程。

四是应用人才进企业（企赢）：在"沉浸式"学习中，学生深入认识企业、认可企业，工作地点搬到了城市、校园，学生愿意到企业就业，实现了人才"下得去、留得下""真题真做"的人才培养方式，实现了人才培养与企业需求契合，确保了人才"用得上、干得好"。每学期，产业学院接纳20名大四学生开展集中专业实习和毕业实习。

3.改革成效

人才培养质量显著提升。学生应用能力、创新能力明显增强，就业率和就业质量双提高，服务京津冀协同发展能力得到提升。毕业生追踪调查显示，京津冀就业比例在82.42%，其中近一半就业学生是服务于中小外贸企业；部分学生自主创业，取得了不错的发展，2013届毕业生郭云剑创办了邯郸半球玩具制造有限公司，并荣获"河北省大学生创业之星"。

产教融合模式得到认可。2014年，邢台日报以"产学研的有效对接"整版报道了本专业校企合作办学；2016年，教育部高等教育教学评估中心《新型大学新成就》中对本专业引企入校模式给予高度评价；2022年，依托校企双师资组建"国贸专业产教融合协同育人教学团队"获河北省优秀教学团队；2023年，艾瑞深校友会中国大学国际经济与贸易专业排名位列全国应用型高校第 8 名，获评 6 星（省内唯一）；2024 年，邢台市商务局向学校致表扬信，对我校跨境电商产业学院办学模式及对区域外贸行业贡献予以表扬。

六、西安翻译学院

（一）学校简介

西安翻译学院是教育部批准设立的全日制省属民办普通本科高校，由学校创始人丁祖诒先生于 1987 年建立，2005 年升格为本科高校。2013 年通过教育部本科教学工作合格评估，2019 年被评为全国创新创业典型经验高校，学校是陕西省一流学院建设单位，教育部一流专业、一流课程建设点院校，先后荣获"陕西省先进基层党组织""陕西省平安校园""陕西省教育系统文明校园"等荣誉称号。"2022 软科中国大学排名"位列全国民办高校第 14 位、陕西民办高校第 1 位。

学校不断深化教育教学改革，加强思政课程和课程思政建设，强化外语特色，探索构建多元化应用型人才培养模式。先后与 200 多家企事业单位签订合作协议，形成资源共建、全程参与、互利共赢的合作育人模式。近三年，学校获批国家一流课程 3 门、陕西省一流课程 19 门、省级虚拟教研室 1 个、陕西省课程思政教学研究示范中心 1 个、省级现代产业学院 1 个，是陕西高校"大思政课"建设协同发展联盟（民办类）牵头院校。现有省级人才培养模式试验区 6 个，省级实验教学示范中心 5 个，省级虚拟仿真实验中心 2 个，省级特色课程和精品资源共享课 17 门。

（二）专业简介

西安翻译学院国际经济与贸易专业是国家级一流本科专业建设点、陕西省综合改革试点专业、陕西省特色专业、陕西省人才培养模式创新实验区、校级示范性特色专业。现拥有省级教学团队 1 个、省级科研团队 1 个，国家级一流课程 2 门、省级一流课程 2 门、省级精品资源共享课程 2 门，省级优秀教材 2 部，省级国际贸易虚拟仿真实验中心 1 个、校级国际贸易实验教学示范中心 1 个，国际经贸规则与标准和陕西口岸经济发展 2 个研究基地（智库）。获评校友会 2022 中国大学经济与贸易类六星级应用型专业（6★）。

（三）案例分析：国际经济与贸易专业"234"人才培养模式

西安翻译学院国际经济与贸易专业是国家一流本科专业建设点，为了适应新文科、数字经济的发展需求，该专业应坚守社会主义办学方向，积极践行立德树人理念，深入贯彻"双万计划"的指导思想，以"新文科"为指引，以"一带一路"和外向型经济对复合型外贸人才的需求为导向，以课堂改革为驱动力，围绕学生核心，重点关注人才培养的目标设定与实施过程，从知识结构、道德品质和核心能力三个维度，多方协同，建设"人工智能＋教育"的课程体系，推行并完善以"任务驱动法"为主导的教学模式，利用校企冗余资源，全面构建国际经济与贸易专业"234"人才培养模式，为学生提供更契合现代社会需求的素养训练。

1. 人才培养模式改革

基于成果的教育理念，设计人才培养目标基于成果导向的教育理念（OBE），以行业岗位职业能力需求、学校定位及培养目标、学生就业反馈等终极学习成果为起点，对专业培养目标、毕业要求和课程体系进行"反向设计"。最终，西安翻译学院国际经济与贸易专业的人才培养目标被精准定位为具备"数字认知、经济理解、沟通能力"的复合型商科人才，并且具备"两基本三融合四能力"。"两基本"指现代经济学基础理论和方法，与"英语""大数据"等学科交叉；"三融合"指课证融合、产教融合、跨专业融合；"四能力"指业务操作能力、英语应用能力、数字贸易能力和经济数据分析能力。

以一流专业建设为引领，深化了跨专业、跨行业和跨领域的融合。当前，搭建跨专业人才实验班平台，已成为探索跨学科、跨专业交叉融合的一种高效且切实可行的操作方案。西安翻译学院的英语专业与国际经济与贸易专业都是国家一流专业，在一流专业建设的引领下，为了健全学科生态体系，促进学科群和交叉新兴学科建设，两个专业联合搭建了"新商科人才实验班"。前者旨在培养熟练掌握外语沟通能力的学生，使他们能够胜任语言资源信息化管理方面的工作；后者则侧重于培养具备扎实经济、金融知识，以及大数据分析能力和人工智能知识的新商科人才。

数字化赋能课程画像，提升人才培养质量，聚焦于"人工智能＋"和"大数据＋"的双驱动。适应市场经济体制和社会需求，面向地方经济，结合"人工智能＋教育"，我们致力于建设以学生为中心，以就业为导向的课程评价指标体系。通过人工智能和大数据分析系统，我们挖掘课程完成度指标，生成课程画像，以反映社会对毕业生知识、能力、素质的要求。因此，课程的设置必须充分体现和反映当今社会生产力水平和科学技术水平，体现专业人才培养目标和培养规格的需要，更要致力于促进学生个性化成长，树立正确的价值观，提升职业能力的持续进步，以及强化复合型、应用型人才的培养能力。

建立"高校＋创业孵化基地＋企业"产教融合、协同育人的合作模式创新"专业＋外语＋现代技能"的人才培养模式，深化"产教融合、校企合作"，通过基地建设，充分利用校企的教学资源和产业资源，构建多方位立体化实习系统，以工学交替的校企合作模式进行产学研深度融合，实现互利共赢；分阶段安排学生进行线上、线下岗位实训，完成人才培养的理论与实践对接、校企对接、就业对接，切实提高学生的就业竞争力，增加学生的实习就业机会。学生在完成理论学习和虚拟实训后，进入实践基地进行顶岗实习，深度融入企业一线，从而实现校企之间的无缝对接；同时，学校研发资料和科技成果通过实践基地向企业输出，促进了科技成果的转化和跨境电商产业发展。

引培用并举，提升信息化教学设计能力按照引培用并举、专兼结合的原则，引进高层次人才，通过"国外访学、国内培训、企业实践"等多种方式加强内部培养，聘请企业高管、行业专家参与人才培养，构建多元化师资队伍；加强师德师风建设，充分发挥院系教学与教务管理的职能，同时加强基层组织的建设和作用发挥，积极开展教学改革、专业建设和课程建设，提升专业人才培养质量水平；强化"传帮带"提升教师教学能力和水平，发挥教学团队和课程负责人作用，形成课程、科研、学科竞赛等多类型团队，提升专业师资队伍的整体水平。

基于计划、执行、检查、处理循环（PDCA）原理持续改进人才培养工作，贯穿了学生、行业、培养目标、毕业条件、课程体系等 5 条指标的始终。项目组借鉴 PDCA 原理将人才培养持续改进的实践从低到高、从小到大分成四个层面：一是教学活动层面；二是课程体系层面；三是毕业要求层面；四是人才培养目标层面。遵循 PDCA 原理，精心规划每一层级，启动小循环机制，明确目标、要求及实施计划，并严格执行。通过对比分析执行结果与既定目标，识别差距，持续优化与提升各层级的目标与要求。同时，四个层级的循环相互交织，构筑起 PDCA 持续改进的大循环体系，小循环嵌套于大循环之中，互为支撑，共同推动大循环稳步前行，不断提升。这一过程确保了以学生为中心、以成果为导向的教学、教育及培养过程与结果的全面跟踪、评价、反馈与改进，进而调整并完善学习成果的界定，助力外贸人才培养质量的持续提升。

2. 改革成效

在校院两级部门的共同努力下，已初步形成"高校 + 创业孵化基地 + 企业"产教融合、协同育人机制。在建设过程中持续推进校企协同育人，与西安安捷货运有限责任公司、西安境达通科技孵化器有限公司等企业合作，推行"现代学徒制"，双方针对培养目标，在专业、课程融合等方面，要求专业课程建设必须有企业参与，促进专业与职位、课程与岗位、教学过程与生产过程的有效衔接。近几年，产教融合取得明显成效，学生赴企业实习实训累计达 17 万人时，企业导师承担了近 500 学时的专业课教学任务，本专业教师则在中小企业开展了 20 余次员工培训；本专业教师共承接 18 个横向课题，项目经费近 90 万元；获批专利、专著共 10 项，其中企业成果转化 2 项；2022 年"跨境电商供应链产教融合实践基地建设"获评中国高等教育学会"校企合作双百计划"优秀校企合作案例。

人才培养质量提升。近几年，国际经济与贸易专业学生在"全国大学生市场调查与分析大赛""全国商业精英挑战赛国际贸易竞赛""全国大学生 POCIB 外贸从业技能大赛"等多项学科竞赛中，获特等奖 5 项、一等奖 46 项、二等奖 85 项。经网络问卷调查与实地走访，结果显示：毕业生就业地域主要集中在陕西，同时遍布全国，就业率高达 92% 以上，60% 的毕业生在外贸企业、跨境电商企业就业，工作与专业相关度高，就业质量高。90% 以上的毕业生对教师师德、教学水平和学校学习氛围，尤其对学校的集体早读和晚自习高度认可；80% 以上的毕业生认为扎实的外贸专业知识和业务能力得益于在校期间合理的课程体系和严格的半封闭式管理。据不完全统计，毕业生中资产上亿元的企业家达 10 余人。

根据用人单位的反馈，本专业毕业生在英语能力、沟通协调、贸易知识和外贸技能方面表现出色，这与高校毕业生就业率和满意度调查结果相吻合，显示了毕业生在综合素质和岗位适应性方面的优势。学生的创新意识较强，能在短时间内成长为业务骨干。学生良好的职业素养，吸引了 20 余家外贸企业每年固定来校招聘。教育部经济贸易教学指导委员会、贸促会和同类兄弟院校认同本专业的赛教结合特色，对人才培养质量给予高度评价。

第二节　典型高校人才培养经验总结

一、一流本科专业建设点的人才培养的启示

国家级一流本科专业建设点的国际经济与贸易专业人才培养模式特点主要体现在以下几个方面：

（一）明确专业定位与特色

应用型本科高校在国际经济与贸易专业的人才培养过程中，首先清晰地界定了该专业的应用型定位，这一定位不仅体现了专业教育的实践导向，还强调了理论知识与实际操作技能的紧密结合。高校认识到，仅仅传授理论知识已难以满足当前快速变化的国际经济与贸易环境对人才的需求，因此，应用型本科高校在国际经济与贸易专业的人才培养过程中，始终坚持应用型定位，注重理论与实践的紧密结合，致力于构建一个将课堂理论教学与课外实践活动、企业实习实训、案例分析研讨等多元化教学模式相融合的教育体系。通过这种体系，学生能够在掌握扎实理论基础的同时，获得解决实际问题的能力，从而更好地适应未来职场的需求。

（二）课程体系与教学内容的创新

应用型本科高校在构建课程体系时，极为注重其完整性和前沿性，致力于为学生打造一个既涵盖广泛知识领域又紧跟时代步伐的综合性知识框架。为了实现这一宏伟目标，高校不断探索与创新，采取了多项切实有效的创新举措，其中，引入跨学科课程、国际课程和实践课程无疑是尤为关键且极具战略意义的一环。

跨学科课程的引入，打破了传统学科之间的壁垒和界限，促进了不同领域知识的相互融合与交叉渗透。这些课程不仅涵盖了国际经济与贸易专业的核心理论和知识，还巧妙地融入了经济学、管理学、法学、信息技术、外语等多个相关学科的内容，使学生能够在更广阔的学术视野和跨学科的思维模式下，审视和理解国际经济与贸易的复杂问题和挑战。通过跨学科

的学习，学生的思维方式和解决问题的能力得到了极大的拓展和提升，他们学会了如何从不同角度、不同层面去分析和解决实际问题，为未来的职业生涯打下了坚实的基础。

国际课程的开设，则是高校拓宽学生国际视野、培养国际化人才的重要举措。这些课程不仅包括了国际贸易规则、国际金融市场运作、跨国企业经营策略等专业知识，还融入了国际文化交流、外语能力提升、跨国沟通与合作等内容。通过国际课程的学习，学生能够更深入地了解不同国家的经济文化背景、国际贸易环境和市场规则，增强跨文化交流的能力和适应多元文化的素养，为未来的国际职业生涯做好充分的准备。

实践课程在应用型本科高校的课程体系中占据着举足轻重的地位。高校与众多企业、机构建立了紧密的合作关系，为学生提供了丰富多样的实践机会和平台。这些实践课程不仅包括了校内实验室的模拟操作、案例分析讨论、项目策划与实施等，还有校外的企业实习、国际交流项目、实地考察等。通过实践课程的学习，学生能够将理论知识与实际工作相结合，亲身体验国际贸易的实际操作流程和市场环境，从而增强实践能力、创新能力和职业素养。

总之，课程体系设置，不仅拓宽了学生的国际视野，增强了他们的实践能力，还为他们的全面发展提供了有力的支持和保障。学生在这样的课程体系下学习，不仅能够掌握扎实的专业知识和技能，还能够培养跨学科思维、国际化视野和实践创新能力，使他们能够更好地适应快速变化的国际经济与贸易环境，成为具有国际竞争力的高素质人才。这样的人才不仅具备扎实的专业素养和实践能力，还具备跨文化交流、国际合作与创新的能力，能够在全球化的经济舞台上展现自己的才华和实力。

（三）教学模式与方法的改革

应用型本科高校在教育教学改革中不断探索与创新，积极采用了案例教学、项目教学、翻转课堂等一系列新型教学模式和方法，旨在打破传统教学的单一性，激发学生的学习兴趣，提升他们的课堂参与度和学习实践能力。

案例教学作为一种直观、生动的教学方法，被广泛应用于应用型本科高校的国际经济与贸易专业中。教师通过选取具有代表性、典型性的实际案例，引导学生进行深入分析和讨论。这些案例既涵盖了国际贸易中的成功经验，也包含了失败的教训，让学生在分析案例的过程中，不仅能够理解理论知识的实际应用，还能够培养批判性思维和问题解决能力。学生在案例讨论中积极参与，各抒己见，形成了良好的学习氛围，极大地提高了他们的学习兴趣。

项目教学则是另一种注重实践和创新的教学模式。在应用型本科高校中，教师根据国际经济与贸易专业的特点和实际需求，设计了一系列具有挑战性的项目任务。学生以小组为单位，围绕项目主题进行调研、分析、策划和实施。在这个过程中，学生不仅需要运用所学知识解决实际问题，还需要学会团队合作、沟通协调和项目管理等职业技能。项目教学的实施，让学生在实践中学习，在学习中实践，极大地增强了他们的实践能力和创新意识。

翻转课堂作为一种颠覆传统教学流程的新模式，也在应用型本科高校中得到了广泛应用。在这种模式下，教师将知识的传授环节放在课外，学生通过观看视频、阅读资料等方式进行自主学习；而课堂时间则主要用于知识的内化、讨论和拓展。翻转课堂的实施，使得课堂变得更加活跃和互动，学生成为课堂的主体，他们的学习积极性和主动性得到了充分的发挥。同时，教师也能够更好地了解学生的学习情况，进行个性化的指导和辅导。

总之，应用型本科高校通过采用案例教学、项目教学、翻转课堂等新型教学模式和方法，不仅丰富了教学手段和内容，还提高了学生的学习兴趣和参与度。这些教学模式和方法注重学生的主体性和实践性，强调知识的应用和创新能力的培养，为应用型本科高校的教育教学改革注入了新的活力。

（四）校企合作与产教融合

应用型本科高校深知理论与实践相结合的重要性，因此，积极寻求与企业的紧密合作，共同搭建起一个产学研深度融合的平台。通过这一平台，高校与企业之间建立了全方位、多层次的合作关系，共同开展人才培养、科研合作和实习实训等一系列活动，实现了教育与产业的无缝对接。

在人才培养方面，应用型本科高校与企业共同制定人才培养方案，确保课程设置、教学内容与行业需求紧密相连。企业专家定期走进校园，为学生带来行业前沿的讲座和实战经验分享，让学生及时了解行业动态和技术发展趋势。同时，高校还邀请企业参与教学计划的制定和实施，确保学生所学知识与技能能够满足企业的实际需求。通过这种深度合作，高校培养出了大量具备实践能力和创新精神的高素质人才，为企业的发展提供了有力的人才支撑。

在科研合作方面，应用型本科高校与企业携手共进，共同攻克行业难题和技术瓶颈。高校拥有丰富的科研资源和人才优势，而企业则具备市场敏感度和实践经验。双方通过合作开展科研项目，不仅能够推动技术创新和产业升级，还能够促进科研成果的转化和应用。这种产学研合作的模式，不仅提升了高校的科研水平，也增强了企业的核心竞争力。

在实习实训方面，应用型本科高校与企业建立了稳定的实习实训基地，为学生提供真实的职业环境和实践机会。学生可以在企业的指导下，参与实际项目的操作和管理，亲身体验职场文化和工作流程。通过实习实训，学生不仅能够将所学知识应用于实际工作中，还能够培养职业素养和团队合作能力。同时，企业也能够通过实习实训选拔和储备优秀人才，为企业的可持续发展奠定坚实基础。

总之，应用型本科高校通过与企业建立紧密的合作关系，共同开展人才培养、科研合作和实习实训等活动，实现了产教融合的深度发展。这种合作模式不仅促进了教育与产业的有机融合，还提高了人才培养的质量和针对性，为经济社会的发展注入了新的活力。

二、对其他高校的借鉴意义

应用型本科高校在人才培养创新探索中，不仅提升了自身的教学质量和学生的综合素质，也为其他高校提供了宝贵的启示与借鉴意义。

首先，应用型本科高校极为注重实践能力的培养。在国际经济与贸易这样实践性极强的专业中，仅仅掌握理论知识是远远不够的。因此，这些高校在课程设置上，加大了实践教学的比重，通过模拟国际贸易流程、实际操作外贸软件、参与真实贸易项目等多种方式，让学生在实践中学习和成长。这种教学模式不仅增强了学生的动手能力，还使他们能够更好地理解和应用所学知识，为未来的职业生涯打下坚实的基础。其他高校可以借鉴这一做法，加强实践教学环节的设计和实施，确保学生能够在实践中不断提升自己的实际操作能力，从而更好地适应市场需求。

其次，加强师资队伍建设是应用型本科高校成功的关键之一。这些高校深知，优秀的教师是培养优秀人才的基础。因此，他们积极引进了一批具有丰富实践经验和国际视野的教师，这些教师不仅在教学上能够理论联系实际，还能够在科研上带领学生探索前沿领域。同时，高校还注重教师的在职培训和职业发展，鼓励教师参加国内外学术交流、企业实践等活动，不断提升自己的专业素养和教学能力。其他高校可以加大师资引进和培养力度，通过优惠政策吸引优秀人才，同时建立完善的教师培训体系，提升教师队伍的整体素质和教学水平。

再者，完善教学质量保障体系是确保人才培养质量的重要环节。应用型本科高校建立了严格的教学质量监控和评估机制，对教学过程、教学效果进行全面跟踪和反馈。通过定期的教学检查、学生评教、同行评议等方式，及时发现和解决教学中存在的问题。同时，高校还注重教学资源的投入和管理，确保教学设施、教材等能够满足教学需求。其他高校可以借鉴这一做法，加强自身的教学质量保障体系建设，通过制度化的管理手段，确保人才培养的质量得到持续提升。

此外，应用型本科高校还非常注重学生综合素质的提升。他们认为，一个优秀的国际经济与贸易人才，不仅需要具备扎实的专业知识，还需要具备良好的实践能力、创新思维和国际视野。因此，这些高校在人才培养过程中，注重学生的全面发展，通过开设跨学科课程、举办学术讲座、组织国际交流活动等方式，拓宽学生的知识面和视野。同时，高校还鼓励学生参与社会实践和志愿服务活动，培养他们的社会责任感和团队合作精神。其他高校可以关注学生的全面发展，注重培养学生的综合素质和能力，通过多样化的教育方式和活动设计，促进学生的全面发展。

综上所述，应用型本科高校在一流本科专业（国际经济与贸易）的人才培养创新探索中取得的成果和经验，对其他高校具有重要的启示和借鉴意义。其他高校可以结合自身实际情况，积极借鉴和应用这些成果和经验，不断提升人才培养的质量和水平。

第三节 本章小结

本章通过对典型高校国际经济与贸易专业应用型人才培养模式的案例

分析，深入探讨了各高校在人才培养方面的创新举措与成功经验。这些高校均为国家级一流本科专业建设点，涵盖了公办与民办、综合性与财经类等多种类型，为国际经济与贸易专业的人才培养提供了丰富的实践样本。

首先，各典型高校在人才培养方面均注重理论与实践相结合，通过优化课程体系、引入跨学科课程、加强实践教学等方式，有效提升了学生的实践能力和创新创业能力。怀化学院和广西财经学院通过构建模块化实践教学体系，实现了对学生操作能力、外语能力、沟通能力和创新能力的全方位培养；福州外语外贸学院则通过"专业＋双语"的人才培养模式，强化了学生的外语应用能力和跨文化交际能力。其次，产教融合是各典型高校人才培养的又一重要特色。通过与企业的紧密合作，这些高校不仅为学生提供了丰富的实习实训机会，还促进了教学科研与市场需求的接轨。重庆科技大学通过数字化转型发展，构建了"三导师制"和"五位一体"的人才培养模式，实现了理论与实践、科研与教学的深度融合；邢台学院通过引企入校，搭建校企合作平台，构建了校企"四进"双赢机制，有效提升了学生的就业竞争力和职业素养。此外，各典型高校还注重师资队伍建设和教学质量保障体系的完善。通过引进高层次人才、加强教师培训、建立教学质量监控和评估机制等措施，这些高校确保了教学质量和人才培养质量的持续提升。西安翻译学院通过"引培用并举"的方式，提升了教师的信息化教学设计能力，为人才培养提供了坚实的师资保障。在经验总结部分，归纳了各典型高校在人才培养方面的共同特点和成功经验，包括明确专业定位与特色、课程体系与教学内容的创新、教学模式与方法的改革、校企合作与产教融合等。这些经验和做法对于其他高校具有重要的借鉴意义，可以帮助它们改进和优化自身的人才培养体系，提升人才培养质量和水平。

综上所述，本章通过对典型高校国际经济与贸易专业应用型人才培养模式的案例分析，总结了各高校在人才培养方面的创新举措与成功经验，为其他高校提供了参考和启示。

第九章 结束语

第一节　研究总结

着眼于应用型人才培养，聚焦于应用型本科院校和一流本科专业，本研究系统梳理了应用型本科院校国际经济与贸易专业人才培养工作。

首先，本研究深入回顾了国际经济与贸易专业的办学历史，通过细致的梳理与分析，揭示了该专业在不同历史时期的演变轨迹和发展脉络。同时，本研究紧密结合当前现实情况，对国际经济与贸易专业的人才供给基本现状进行了全面而深入的剖析，明确了当前市场上对这类人才的需求状况以及供给情况。接着，紧密对接社会需求，充分利用大数据资源，对国际经济与贸易毕业生的就业市场现状进行了详尽的分析。通过大数据的挖掘与处理，我们掌握了毕业生在就业市场上的分布、流向、薪资水平以及就业满意度等多方面的信息，为后续的研究提供了坚实的数据支撑。

在此基础上，本研究选取了部分应用型高校的国家一流本科专业建设点作为研究样本，通过文本分析的方式，对国际经济与贸易专业的人才培养过程进行了深入的剖析。本研究重点关注了人才培养的目标设定、毕业要求、课程体系以及实践教学等关键环节，详细分析了各学校在人才培养方面的特色与亮点，为优化人才培养过程提供了有益的参考。

最后，为了更具体地展现各学校在人才培养方面的典型做法和先进经验，本研究选取了部分样本高校，采取了案例分析的方法。通过对这些高校的深入调研和实地考察，本研究全面了解了它们在人才培养方面的具体举措、实施效果以及存在的问题，并提炼出了一系列可复制、可推广的先进经验。这些经验不仅为其他高校提供了有益的借鉴，也为我国国际经济与贸易专业的人才培养和发展提供了重要的启示。

研究发现：经济全球化已经成为国际经济发展中不可逆转的趋势，这一趋势不仅促进了全球范围内资源的优化配置和高效利用，也极大地推动了各国经济的相互依存和共同发展。对于中国这样一个正在快速发展中的大国而言，经济全球化带来的机遇与挑战并存，对国际经济与贸易类人才的需求和要求也日益增长。在此背景下，全国高校积极响应国家号召，纷纷增设或优化国际经济与贸易类专业，以培养更多适应经济全球化需求的高素质人才。其中，应用型高校在这一进程中表现尤为突出。这类高校紧密围绕服务国家战略，结合自身的行业背景、地域特色以及市场需求，开展了丰富多样的办学探索与实践。应用型高校在应用型人才培养上，注重理论与实践相结合，强化实践教学环节，通过校企合作、产教融合等方式，为学生提供更多的实践机会和就业渠道。同时，它们还积极引入国际先进的教育理念和方法，拓宽学生的国际视野，提升学生的跨文化交际能力。这些举措不仅有效地提高了学生的实践能力和创新创业能力，也为社会培养了一批批高素质的应用型经贸人才。经过多年的探索与实践，应用型高校在国际经济与贸易类人才培养方面取得了骄人的成绩，积累了丰富的办学经验。这些经验和做法不仅为其他高校提供了有益的参考和借鉴，也为我国国际经济与贸易类人才的培养和发展做出了重要贡献。

第二节　研究展望

着眼于应用型人才培养的深远意义，我们将继续聚焦应用型本科院校和一流本科专业，深化对国际经济与贸易专业人才培养工作的系统梳理与研究。在未来的研究中，我们将进一步拓展和深化以下几个方面的工作：

第一，将继续深入回顾历史、全面把握现实，不仅系统梳理和分析国际经济与贸易专业的办学历史，探究其从诞生到不断壮大的演变过程，还将细致考察当前人才供给的基本现状，包括人才的数量、质量、结构以及分布等方面。在此基础上，动态跟踪国际经济与贸易专业的发展趋势，密切关注国内外经济形势、政策导向、技术进步以及市场需求等因素的变化，预测未来市场对国际经济与贸易类人才的需求变化，包括需求的规模、层次、类型以及地域分布等。这一系列的工作旨在为国际经济与贸易专业的调整和优化提供坚实的科学依据。一方面，我们可以根据历史经验和现实情况，找出专业发展中存在的问题和不足，提出针对性的改进措施；另一方面，可以根据未来市场需求的预测，提前布局和调整专业结构、课程设置以及教学内容，确保培养出的学生能够更好地适应市场需求，提高就业竞争力和职业发展潜力。具体而言，结合国内外相关研究成果和实践经验，运用定性和定量相结合的研究方法，对国际经济与贸易专业的发展历程、现状以及未来趋势进行全面、深入的分析。同时，积极与政府部门、行业协会、企业以及高校等各方进行沟通交流，获取第一手资料和信息，为专业调整和优化提供更加精准和有效的支持。

第二，更加紧密地对接社会，充分利用大数据技术的强大优势，对国际经济与贸易毕业生的就业市场现状进行深入而细致的分析。这种分析将不仅限于表面的数据收集，而是将深入到就业市场的各个层面，全面剖析国际经济与贸易专业毕业生的就业结构、薪资待遇、职业发展路径等多个维度。在就业结构方面，我们将利用大数据技术对毕业生的就业领域、行业分布、岗位类型等进行精准统计和分析，揭示出哪些行业、领域和岗位对国际经济与贸易专业毕业生具有更高的需求度和吸引力。同时，关注毕业生的就业地域分布，了解不同地区对国际经济与贸易专业人才的吸纳能力和发展趋势。在薪资待遇方面，我们将通过大数据分析，掌握毕业生的薪资水平、薪资增长趋势以及薪资结构等信息，为毕业生提供更为准确的薪资预期和职业规划参考。我们还将关注不同行业、领域和岗位的薪资差异，帮助毕业生更好地了解市场薪资水平，做出更为明智的职业选择。在职业发展路径方面，我们将利用大数据技术，对毕业生的职业晋升路径、职业发展机会以及行业发展趋势等进行深入分析。跟踪毕业生的职业发展轨迹，可以揭示出国际经济与贸易专业毕业生在不同职业发展阶段的特点和需求，为高校在人才培养过程中提供更为精准的定位和方向。通过这一系列的分析，可以为国际经济与贸易专业的人才培养提供更为有力的支撑。高校可以根据就业市场的实际需求，调整和优化专业课程设置、教学内容以及教学方法，确保培养出的学生能够更好地适应市场需求，提高就业竞争力和职业发展潜力；也可以为毕业生提供更为精准的就业指导和服务，帮助他们更好地了解就业市场，制定更为合理的职业规划，实现个人价值和社会价值的双重提升。

第三，进一步扩大样本范围，精心选取更多具有代表性的应用型高校一流本科专业建设点，包括国家级、省级，作为深入研究的对象。通过文本分析的方式，对这些高校国际经济与贸易专业的人才培养过程进行全面而细致的剖析，涵盖人才培养目标的设定、毕业要求的明确、课程体系的构建以及实践教学的实施等多个关键环节。在人才培养目标的设定上，深入挖掘各高校对于国际经济与贸易专业人才培养的核心理念和价值取向，分析它们如何根据市场需求、行业趋势以及学校特色来定位人才培养目标。通过对比不同高校的人才培养目标，可以总结出共性特征和个性差异，为其他高校在设定人才培养目标时提供有益的参考。在毕业要求的明确上，详细分析各高校对国际经济与贸易专业毕业生所应具备的知识、技能、素质等方面的具体要求。这些要求不仅反映了高校对人才培养质量的期望，也为学生提供了明确的学习方向和目标。通过对比不同高校的毕业要求，可以发现它们之间的共性和差异，为优化毕业要求提供有益的启示。在课程体系的构建上，系统梳理各高校国际经济与贸易专业的课程设置，分析它们如何根据人才培养目标和毕业要求来构建科学合理的课程体系。关注课程之间的内在联系和逻辑关系，以及它们如何支撑人才培养目标的实现。同时，关注课程内容的更新和拓展，以适应不断变化的市场需求和行业趋势。在实践教学的实施上，深入分析各高校如何通过实践教学环节来培养学生的实践能力和创新精神。关注实践教学的形式和内容，以及它们如何与理论教学相结合，形成完整的人才培养体系。同时，关注实践教学的实施效果，评估它们对学生实践能力提升的作用和影响。通过这一系列的分析，挖掘出国际经济与贸易专业人才培养过程中的内在逻辑和规律，总结出一些可借鉴的模式和经验。这些模式和经验不仅可以为其他高校在专业建设过程中提供参考，也可以为政府部门、行业协会等提供决策支持，推动国际经济与贸易专业人才培养的持续优化和升级。

第四，深入样本高校，采取全面而细致的案例分析方法，不仅深入剖析各学校在人才培养方面的典型做法和先进经验，充分展示它们在教育教学、实践教学、校企合作、产教融合等方面的创新举措和显著成效，还将特别关注这些学校在人才培养过程中存在的问题和挑战，进行客观、深入地剖析和反思。在剖析典型做法和先进经验时，重点挖掘各学校在人才培养理念、课程体系构建、教学方法创新、实践教学改革等方面的独特和成功之处。通过对比和分析不同高校的做法，本研究总结出一些具有普遍适用性的经验和模式，为其他高校提供有益的参考和借鉴。然而，我们也清醒地认识到，任何事物的发展都不可能一帆风顺，人才培养工作同样面临着诸多问题和挑战。因此，在案例分析的过程中，特别关注各学校在人才培养过程中存在的问题和挑战，如师资力量不足、实践教学资源匮乏、课程体系滞后于市场需求、学生创新能力培养不足等。针对这些问题和挑战，将结合各学校的实际情况，提出针对性的改进建议，帮助学校找到解决问题的途径和方法。改进建议将紧密结合各学校的实际情况和市场需求，注重可操作性和实效性。鼓励学校加强师资队伍建设，引进和培养一批高素质的教师队伍，提高教学水平和科研能力；同时，也将推动学校加强实践教学资源的建设，完善实践教学体系，提高学生的实践能力和创新精神。此外，建议学校密切关注市场需求和行业趋势，及时调整课程体系和教学内容，确保人才培养与市场需求保持高度一致。通过这一系列的分析和改进建议，旨在促进国际经济与贸易专业建设的持续改进和提升。鼓励各学校不断总结经验教训，优化人才培养方案，提高人才培养质量，为社会输送更多高素质、应用型、复合型的国际经济与贸易专业人才。同时，加强各学校之间的交流与合作，共同推动国际经济与贸易专业建设的不断进步和发展。

我们坚信，随着经济全球化的不断深入发展，国际经济与贸易类人才的需求将更加旺盛。应用型高校作为人才培养的重要阵地，将继续围绕服务国家战略，基于各自的行业背景、地域特色，开展更加多样化的办学探索与实践。我们将持续关注这一领域的发展动态，为培养更多适应时代需求、具备国际视野和实践能力的国际经济与贸易类人才贡献智慧和力量。

参考文献

[1] 安琪，刘晓璐，于理婷，等．职业教育人才培养方案的发展历史与现实问题：基于文献综述的视角 [J]．江苏教育，2020(92):13-18.

[2] 柏丽．"互联网 +"时代国际经济与贸易专业人才培养研究 [J]．今日财富，2020(14):123-124.

[3] 蔡小平．区域经济视域下应用型本科专业集群建设研究 [M]．南京：江苏大学出版社．2017.

[4] 曹迪．新时代背景下应用型本科院校国际经济与贸易专业实践教学创新研究 [J]．中国多媒体与网络教学学报 (上旬刊),2024(08):79-82.

[5] 曹银华，刘荣．国标下应用型本科院校国际经济与贸易专业课程体系的构建：以广东培正学院为例 [J]．黑龙江教育 (理论与实践),2020(03):80-81.

[6] 陈菲菲．转型背景下的应用型本科人才培养问题研究 [D]．河南大学，2018.

[7] 陈浩东，王硕，任权威．新格局下跨境供应链管理创新人才培养模式改革研究 [J]．中国航务周刊，2024(03):87-89.

[8] 陈肖，王军英，吴娜．跨境电商背景下国贸专业实践教学体系研究 [J]．邢台学院学报，2023, 38 (01): 164-168.

[9] 程杨．电子商务背景下国际经济与贸易专业应用型人才培养体系优化探索：以韶关学院为例 [J]．企业科技与发展，2019(09):81-83.

[10] 崔日明，李丹．解读经济与贸易类本科专业质量国家标准推动专业教学和人才培养质量提升 [J]．中国大学教学，2019(03):29-32.

[11] 费新法，吕泉波．紧跟时代步伐深化教育教学改革 [J]．咸宁医学院学报，1998(04):270-272.

[12] 高媛媛．以培养目标达成度为导向的国际经济与贸易专业人才培养模式研究 [J]．农村经济与科技，2019, 30(20):58-59.

[13] 顾永安．新建本科院校转型发展论 [M]．北京：中国社会科学出版社，2012.

[14] 管志杰，陈丽，姜国刚. 基于 OBE 理念的国际经济与贸易专业人才培养目标探析：以常州大学为例 [J]. 淮海工学院学报 (人文社会科学版)，2018, 16(11):125-127.

[15] 郭昆. 国贸本科专业实践教学评价制度研究 [J]. 对外经贸，2018, (12):128-129+145.

[16] 郭昆，柴梦. 国际经济与贸易"专业＋语言"国际化人才培养模式研究：以玉溪师范学院为例 [J]. 对外经贸，2017(10):149-150.

[17] 郭英剑. 论英语专业的"金课"及其标准 [J]. 浙江外国语学院学报，2019(03):8-12+31.

[18] 洪秋妹. 应用型本科院校国际化人才培养体系构建 [J]. 合作经济与科技，2019(10):93-95.

[19] 胡海智，吴凤娇. OBE 理念下国际经济与贸易专业人才培养体系的优化：以闽南师范大学为例 [J]. 大学教育，2021(08):145-147+178.

[20] 黄珍. 基于能力本位的地方高校应用型人才培养模式研究 [D]. 华东理工大学，2021.

[21] 黄钟慰. 民办高校国际经济与贸易应用型本科专业人才培养模式探讨：以福州外语外贸学院为例 [J]. 湖南科技学院学报，2017, 38(04): 96-98.

[22] 矫苏宁. 技能竞赛为载体的建筑设计专业教学模式改革 [J]. 现代职业教育，2018, (18):148-149.

[23] 邝邦洪，赵复查，佟艳芬，等. 民办高校创建高水平应用型大学的探索：以广州工商学院为例 [J]. 韩山师范学院学报，2017, 38(01):102-108.

[24] 李丹. 技术技能型人才、"双师型"师资和产业转型升级 [J]. 中国经贸导刊 (中)，2019, (01):86-89.

[25] 李道海. 应用型本科院校"通识选修课"的授课特点和教学方法研究：以"中国文学经典作品阅读与欣赏"课为例 [J]. 吉林省教育学院学报，2016, 32(01):81-84.

[26] 李慧娜，陈永康. 焦作市应用型高校建设与发展研究 [J]. 焦作大学学报，2022, 36(03):83-87.

[27] 李甜甜. 我国高等院校播音主持专业人才培养模式的分析比较研究 [D]. 江西科技师范大学，2017.

[28] 李渊，鄢维．双创比赛项目在 Python 教学中的应用探索：以第七届互联网＋大赛项目为例 [J]．中国教育技术装备，2022(08):76-79.

[29] 刘莉君．基于审核评估要求的国际经济与贸易专业教学质量标准体系构建：以湖南科技大学为例 [J]．当代教育理论与实践，2017,9(06):112-115.

[30] 刘濛，程颖慧．数字经济时代"跨界融合"国贸专业人才培养模式的探析 [J]．商展经济，2024(12):159-162.

[31] 刘洋，刘小海，陈熙悦，等．财务机器人的应用对高职大数据与会计专业的影响研究 [J]．会计师，2023(19):113-115.

[32] 刘意，倪居，金湘东，等．现代学徒制课程体系联合构建的探索与实践：以郑州铁路职业技术学院眼视光技术专业为例 [J]．郑州铁路职业技术学院学报，2020,32(01):66-69.

[33] 刘志雄．国际经济与贸易专业本科生模拟实训的存在问题及优化：兼谈中越边境贸易模拟实训 [J]．中国证券期货，2012(08):256+258.

[34] 柳音．中国—东盟背景下广西地方本科高校国际经贸人才培养模式研究 [D]．广西大学，2019.

[35] 毛青．新文科背景下民办高校新商科人才培养改革与实践：以西安翻译学院国际经济与贸易专业为例 [J]．科教导刊，2022(36):15-18.

[36] 孟书霞，尚爱英，李庆波，等．跨境电商人才需求及培养对策研究 [J]．商场现代化，2018(22): 24-25.

[37] 米红林，邱娟，陈永平，等．"一带一路"背景下中泰跨境合作办学实践探索 [J]．大学教育，2023(13):124-127.

[38] 莫晓云，朱依霞．金融数学应用型财经特色人才培养方案探讨 [J]．金融理论与教学，2020(03):98-102.

[39] 倪学文，吴考．基于工程教育专业认证的食品工艺学课程教学改革探索 [J]．教育教学论坛，2019(07):109-110.

[40] 钱琳伊，朱建军．OBE 理念导向的商贸类职业本科人才培养研究：以国际经济与贸易专业为例 [J]．无锡职业技术学院学报，2024,23(03):35-40.

[41] 任海燕．地方综合性大学学前教育专业人才培养模式研究 [D]．河北大学，2021.

[42] 尚爱英，孟书霞，王军英，等．"新常态"下国际贸易应用型人才培养模式研究 [J]．现代商贸工业，2017(14): 30-31.

[43] 邵勇，闫爱青．当代高校创新型人才培养模式研究 [J]．山西社会主义学院学报，2010(02):60-62.

[44] 施星雨．河北省应用型本科人才培养模式研究 [D]．河北师范大学，2018.

[45] 宋和平，韩飞，林琳，等．面向工程教育专业认证的软件工程专业培养方案持续改进与实践 [J]．科技风，2024(05):40-42.

[46] 谭建新，张云兰．卓越经济贸易本科人才培养途径探究：以广西财经学院为例 [J]．江苏经贸职业技术学院学报，2013(06): 75-77, 84.

[47] 王楚君．基于 KSAO 模式的国贸专业多层次实践教学体系构建：以江西科技学院为例 [J]．大众标准化，2020(08):221-222.

[48] 王春豪，蒋兴红，戴林．基于 PBL 的刻意训练法在国际经济与贸易专业实践教学中的应用 [J]．对外经贸，2023(05):104-108.

[49] 王海慧，崔兆龙．跨境电商时代国际经济与贸易专业的产教融合研究 [J]．产业创新研究，2024(16):187-189.

[50] 王建勋．地方本科院校应用型转型理论与实践研究 [M]．保定：河北大学出版社，2018.

[51] 王军英，何锡金，陈肖，等．一流本科专业背景下地方应用型高校虚拟教研室建设探索与实践 [J]．教育信息化论坛，2023(12): 102-104.

[52] 王丽霞．智慧旅游背景下人才培养模式优化研究：以应用型本科旅游管理专业为例 [J]．科技创新导报，2018, 15(22):192-194.

[53] 王素玲．学科竞赛与市场营销专业实训教学改革模式探索 [J]．价值工程，2013, 32(28):280-281.

[54] 王唯薇，冉春芳，陈智茂．数字贸易背景下国际经济与贸易专业新文科改革探析：以重庆科技学院为例 [J]．高教学刊，2023, 9(12): 132-135.

[55] 王文荣，王姣，张洪娟．基于反向设计的毕业要求达成度评价解析：以金融学专业为例 [J]．金融理论与教学，2017(05):75-79.

[56] 王晓阳，许春玲，王凌云．从书本理论到企业实践的路有多远 [N]．陕西日报，2013-07-05(006).

[57] 王雪松．"一带一路"倡议下国际贸易专业日语课程的改革建议 [J]．商业文化，2018(08):75-76.

[58] 王一迪．服务区域经济发展的地方本科高校人才培养模式研究

[D]. 广西大学, 2018.

[59] 王勇. 地方应用型高校大学毕业生专业与就业岗位匹配度调查研究：以百色学院为例 [J]. 中国多媒体与网络教学学报 (上旬刊), 2022, (06): 237-240.

[60] 汪五一. 国际商务专业建设的经验与教训：以安徽工业大学为例 [J]. 高教学刊, 2020(33):27-30+35.

[61] 魏国丰, 孙婧, 齐建家 等. "新工科"背景下学生实践能力培养模式探索：以黑龙江工程学院机械电子工程专业为例 [J]. 黑龙江工程学院学报, 2024, 38(05):77-84.

[62] 吴信科, 徐传武, 孙梦忆. 地方本科高校应用型国贸人才培养模式改革研究 [J]. 南阳理工学院学报, 2024, 16(01):110-112.

[63] 谢涛. 谈国际经济与贸易专业本科实践教学创新：以广西财经学院为例 [J]. 辽宁师专学报 (社会科学版), 2018(03):62-64.

[64] 谢廷宇, 李琪. 广西国际经济与贸易一流专业建设现状、问题及对策 [J]. 智库时代, 2019(31):182-184.

[65] 谢纬坤. 数字贸易背景下国际经济与贸易人才培养路径 [J]. 北方经贸, 2022(11):138-140.

[66] 严双. 国际经济与贸易专业人才培养方案研究 [D]. 湖南农业大学, 2019.

[67] 杨娟娟. 地方高校转型发展背景下应用型本科人才培养模式研究 [D]. 信阳师范学院, 2017.

[68] 杨会全, 李闯. 基于 OBE 理念的国际经济与贸易专业课程体系重构：以湖南工学院为例 [J]. 今日财富, 2019(08):177-179.

[69] 杨梦蓓. 转型背景下地方应用型本科院校人才培养模式现状调查研究 [D]. 沈阳师范大学, 2020.

[70] 叶丽融. 世界一流大学工程人才培养模式比较研究 [D]. 华南理工大学, 2021.

[71] 尹作栋, 孙皓, 刘旭, 等. 浅谈指导大学生参加创业计划竞赛的策略 [J]. 大众科技, 2014, 16(06):211-212+216.

[72] 于翠萍. 外贸函电课程教学中实践能力培养的探讨 [J]. 市场周刊 (理论研究), 2016(09):125-126.

[73] 于丹，李静．OBE 理念在国贸专业人才培养中的应用 [J]. 北方经贸，2021(10):129-131.

[74] 翟丹妮．基于 OBE 理念的信管专业培养方案的构建 [J]. 江苏科技信息，2019, 36(15):75-77.

[75] 张建中．国际经济与贸易国家级特色专业建设与实践：以广西财经学院为例 [J]. 吉林省教育学院学报 (上旬), 2013, 29(05): 28-30.

[76] 张兰英，王军英，霍维涛．OBE 理念下应用型转型高校双师型教师产出绩效评价研究：以邢台学院为例 [J]. 邢台学院学报，2021, 36 (03): 38-42+48.

[77] 张林鑫．MBA 创新创业实践模式研究 [D]. 电子科技大学，2024.

[78] 张璐月．创新创业能力培养视角下大学生就业指导模式探究 [J]. 国家通用语言文字教学与研究，2023(09):16-18.

[79] 张文敬．新常态经济下国际经济与贸易专业人才发展研究 [J]. 统计与咨询，2016(04):34-36.

[80] 张洋．内融外联：应用型本科高校创业教育"浙江经验" [J]. 创新与创业教育，2020, 11(05):10-17.

[81] 赵平．人力资源管理专业人才培养模式探索：以 A 学院为例 [J]. 对外经贸，2023(04):57-60.

[82] 赵相莲，陈长卿．地方农业院校植物保护专业人才培养与教学督导评价实践研究 [J]. 特种经济动植物，2022, 25(07):179-182.

[83] 甄静．应用型高校国际经济与贸易专业实践教学体系研究 [J]. 知识窗 (教师版), 2022(12):6-8.

[84] 中国高等教育学会 2022 年大事记 [J]. 中国高教研究，2023(03):103-108.

[85] 中国高等教育学会 2023 年大事记 [J]. 中国高教研究，2024(03): 102-108.

[86] 周游．经济与贸易专业绿色低碳人才培养模式的探索与实践：以湖南财政经济学院为例 [J]. 湖南财政经济学院学报，2024, 40(03):120-128.

[87] 邹多为，魏弘毅，丁乐．规模稳中有增质量优中有升：2023 年外贸运行观察 [J]. 大众投资指南，2024(05):73-74.

附录 1：校友会应用型高校 2024 年国际经济与贸易专业排行榜

附表 1-1 校友会 2024 中国大学国际经济与贸易专业排名（应用型 A 档及以上 ）

档次	全国排名	学校名称	星级	办学层次
A++	1	广西财经学院	7 ★	世界知名、中国顶尖应用型专业
A++	2	长春财经学院	6 ★	中国顶尖应用型专业
A++	2	福州外语外贸学院	6 ★	中国顶尖应用型专业
A++	2	广东科技学院	6 ★	中国顶尖应用型专业
A++	2	广州南方学院	6 ★	中国顶尖应用型专业
A++	2	广州商学院	6 ★	中国顶尖应用型专业
A++	2	合肥大学	6 ★	中国顶尖应用型专业
A++	2	黑龙江外国语学院	6 ★	中国顶尖应用型专业
A++	2	湖南财政经济学院	6 ★	中国顶尖应用型专业
A++	2	湖南文理学院	6 ★	中国顶尖应用型专业
A++	2	昆明城市学院	6 ★	中国顶尖应用型专业
A++	2	三亚学院	6 ★	中国顶尖应用型专业
A++	2	上海建桥学院	6 ★	中国顶尖应用型专业
A++	2	上海立信会计金融学院	6 ★	中国顶尖应用型专业
A++	2	上海商学院	6 ★	中国顶尖应用型专业
A++	2	四川大学锦江学院	6 ★	中国顶尖应用型专业
A++	2	文华学院	6 ★	中国顶尖应用型专业
A++	2	武昌首义学院	6 ★	中国顶尖应用型专业
A++	2	武汉工商学院	6 ★	中国顶尖应用型专业
A++	2	武汉华夏理工学院	6 ★	中国顶尖应用型专业
A++	2	浙江万里学院	6 ★	中国顶尖应用型专业
A++	2	重庆科技大学	6 ★	中国顶尖应用型专业
A+	23	长春光华学院	6 ★	中国顶尖应用型专业
A+	23	电子科技大学成都学院	6 ★	中国顶尖应用型专业
A+	23	广东金融学院	6 ★	中国顶尖应用型专业
A+	23	广州城市理工学院	6 ★	中国顶尖应用型专业
A+	23	湖北经济学院法商学院	6 ★	中国顶尖应用型专业
A+	23	湖北商贸学院	6 ★	中国顶尖应用型专业

续附表 1-1

档次	全国排名	学校名称	星级	办学层次
A+	23	湖南信息学院	6★	中国顶尖应用型专业
A+	23	怀化学院	6★	中国顶尖应用型专业
A+	23	吉利学院	6★	中国顶尖应用型专业
A+	23	江苏理工学院	6★	中国顶尖应用型专业
A+	23	九江学院	6★	中国顶尖应用型专业
A+	23	昆明文理学院	6★	中国顶尖应用型专业
A+	23	兰州工商学院	6★	中国顶尖应用型专业
A+	23	辽宁对外经贸学院	6★	中国顶尖应用型专业
A+	23	南昌理工学院	6★	中国顶尖应用型专业
A+	23	南京理工大学泰州科技学院	6★	中国顶尖应用型专业
A+	23	宁波大学科学技术学院	6★	中国顶尖应用型专业
A+	23	商丘学院	6★	中国顶尖应用型专业
A+	23	铜陵学院	6★	中国顶尖应用型专业
A+	23	武汉城市学院	6★	中国顶尖应用型专业
A+	23	西安培华学院	6★	中国顶尖应用型专业
A+	23	邢台学院	6★	中国顶尖应用型专业
A+	45	巢湖学院	6★	中国顶尖应用型专业
A+	45	湖南科技学院	6★	中国顶尖应用型专业
A+	45	湖南涉外经济学院	6★	中国顶尖应用型专业
A+	45	嘉兴大学	6★	中国顶尖应用型专业
A+	45	江西科技学院	6★	中国顶尖应用型专业
A+	45	洛阳理工学院	6★	中国顶尖应用型专业
A+	45	闽江学院	6★	中国顶尖应用型专业
A+	45	南昌工程学院	6★	中国顶尖应用型专业
A+	45	上海电机学院	6★	中国顶尖应用型专业
A+	45	无锡太湖学院	6★	中国顶尖应用型专业
A+	45	梧州学院	6★	中国顶尖应用型专业
A+	45	西安翻译学院	6★	中国顶尖应用型专业
A+	45	延安大学西安创新学院	6★	中国顶尖应用型专业

续附表 1-1

档次	全国排名	学校名称	星级	办学层次
A+	45	仰恩大学	6★	中国顶尖应用型专业
A+	45	浙江树人学院	6★	中国顶尖应用型专业
A+	45	郑州工商学院	6★	中国顶尖应用型专业
A+	45	郑州西亚斯学院	6★	中国顶尖应用型专业
A	62	安徽三联学院	5★	中国一流应用型专业
A	62	安阳学院	5★	中国一流应用型专业
A	62	百色学院	5★	中国一流应用型专业
A	62	北京工商大学嘉华学院	5★	中国一流应用型专业
A	62	长春电子科技学院	5★	中国一流应用型专业
A	62	滁州学院	5★	中国一流应用型专业
A	62	福建技术师范学院	5★	中国一流应用型专业
A	62	广东外语外贸大学南国商学院	5★	中国一流应用型专业
A	62	广西民族师范学院	5★	中国一流应用型专业
A	62	广州工商学院	5★	中国一流应用型专业
A	62	广州新华学院	5★	中国一流应用型专业
A	62	哈尔滨华德学院	5★	中国一流应用型专业
A	62	哈尔滨金融学院	5★	中国一流应用型专业
A	62	海口经济学院	5★	中国一流应用型专业
A	62	汉口学院	5★	中国一流应用型专业
A	62	河北金融学院	5★	中国一流应用型专业
A	62	河南牧业经济学院	5★	中国一流应用型专业
A	62	黑河学院	5★	中国一流应用型专业
A	62	黑龙江财经学院	5★	中国一流应用型专业
A	62	黑龙江东方学院	5★	中国一流应用型专业
A	62	红河学院	5★	中国一流应用型专业
A	62	湖北理工学院	5★	中国一流应用型专业
A	62	湖南理工学院	5★	中国一流应用型专业
A	62	华北科技学院	5★	中国一流应用型专业
A	62	淮阴工学院	5★	中国一流应用型专业

续附表 1-1

档次	全国排名	学校名称	星级	办学层次
A	62	吉林工商学院	5 ★	中国一流应用型专业
A	62	吉林外国语大学	5 ★	中国一流应用型专业
A	62	昆明学院	5 ★	中国一流应用型专业
A	62	南阳师范学院	5 ★	中国一流应用型专业
A	62	宁波工程学院	5 ★	中国一流应用型专业
A	62	青岛黄海学院	5 ★	中国一流应用型专业
A	62	泉州师范学院	5 ★	中国一流应用型专业
A	62	山东青年政治学院	5 ★	中国一流应用型专业
A	62	山东政法学院	5 ★	中国一流应用型专业
A	62	上海财经大学浙江学院	5 ★	中国一流应用型专业
A	62	上海杉达学院	5 ★	中国一流应用型专业
A	62	上海政法学院	5 ★	中国一流应用型专业
A	62	沈阳城市学院	5 ★	中国一流应用型专业
A	62	武汉东湖学院	5 ★	中国一流应用型专业
A	62	武汉学院	5 ★	中国一流应用型专业
A	62	西安交通大学城市学院	5 ★	中国一流应用型专业
A	62	西安外事学院	5 ★	中国一流应用型专业
A	62	西南财经大学天府学院	5 ★	中国一流应用型专业
A	62	新疆科技学院	5 ★	中国一流应用型专业
A	62	浙江外国语学院	5 ★	中国一流应用型专业
A	62	中原科技学院	5 ★	中国一流应用型专业
A	62	珠海科技学院	5 ★	中国一流应用型专业

附录2：样本学校人才培养方案

国际经济与贸易专业人才培养方案
（2023版）

专业代码：020401　学科门类：经济学

一、培养目标

国际经济与贸易专业以社会需求为导向，立足邢台，面向京津冀，主动适应"一带一路"倡议及京津冀协同发展战略，适应区域经济社会发展需要，服务中小外贸企业，培养德、智、体、美、劳全面发展，具有家国情怀、国际视野、数据思维，具备高度社会责任感、人文素养与职业道德、创新创业精神，具备健全人格与良好身心素质，系统掌握经济学及国际经济与贸易基本理论、基本知识，具备处理对外经济贸易业务能力，能在企事业单位从事国际贸易实际业务操作和管理的复合型、应用型高级人才。

毕业5年后，能够达到以下预期目标：

培养目标1【道德素质】：具有良好的身心素质和职业道德，较强的安全责任意识、开放意识和社会责任感，较高的人文科学素养。

培养目标2【业务能力】：能够熟练地将国际贸易理论和方法应用于实际工作，具备胜任企业、政府和金融机构涉外业务岗位的能力，职业发展状况良好，成长为外贸业务骨干或中层管理人员。

培养目标3【团队合作】：具有较强的沟通协调和团队合作能力，能有效组织团队完成开发客户、商务谈判、交易磋商、单证处理等各项外贸业务。

培养目标4【终身学习】：具有终身学习的理念，关注国际、国内经济动向，合理制定自身学习和专业发展规划；具备国际交流、自我学习、继续教育及创新创业的能力，能不断地更新知识，拓展能力，满足经济社会发展需求。

二、毕业要求

通过本科阶段学习，毕业生应达到如下的毕业要求（能力）：

毕业要求1【综合素质】具备较为全面的素质结构，包括：思想道德素质、科学文化素质、职业素质和身心素质,具有较高的人文社会科学素养和社会责任感。

指标点 1.1 热爱祖国、拥护党的领导,树立正确的世界观、人生观和价值观,践行社会主义核心价值观,对中国特色社会主义具有强烈的思想认同、政治认同、理论认同和情感认同。

指标点 1.2 具备一定的文学、历史、哲学、艺术、管理、法律等方面的知识,了解人类文明发展和世界优秀思想文化,掌握科学常识和现代科技发展趋势。

指标点 1.3 理解外贸商业伦理的核心理念,了解外贸从业人员的职业性质和责任,在外贸从业实践中能自觉遵守职业道德和规范。

指标点 1.4 具有良好的生活习惯、健康的体魄和良好的心理品质。

毕业要求 2【专业知识】掌握扎实的经济学及国际经济与贸易专业基础知识,熟悉国际通行的经贸规则。

指标点 2.1 具备从事本专业学术研究和实务操作所必需的数学、外语、计算机、互联网等相关基础知识。

指标点 2.2 接受经济学理论和研究方法的系统训练,扎实掌握国际经济与贸易专业基础理论、基本知识和基本技能。

指标点 2.3 了解国际贸易活动的法律法规和惯例,熟悉区域特色产业外贸现状及发展趋势,系统掌握经济学、国际经济学等学科门类的基本理论、分析方法和发展动态。

毕业要求 3【专业能力】能够运用所学专业知识分析和解决国际经济与贸易中的现实问题。

指标点 3.1 能够对目标市场进行调查分析,运用搜索引擎工具开发客户,有效跟进及维护客户。

指标点 3.2 熟悉进出口业务流程,具有从事本专业实际业务,如外贸函电、商务谈判、数据分析、运营推广等实际操作技能。

指标点 3.3 能够处理外贸合同履行过程中的具体问题,如制单、跟单、货代等外贸业务操作能力。

毕业要求 4【研究能力】把握国际经贸研究的发展趋势,培养学生独立思考、创新思维的兴趣,具有一定的创新创业能力和科学研究能力。

指标点 4.1 具备较强的探索精神、批判思维和获取新知识、运用新知识的能力，具有一定的创新与创业能力。

指标点 4.2 了解国际贸易前沿理论和研究动态，掌握 SPSS、Eviews、Stata 等分析软件进行数据处理，能够对国际经贸热点问题进行分析研究。

毕业要求 5【团队协作】具有团队协作意识和协作精神，认识团队协作的策略和方法，有小组学习和合作研究等团队协作活动的实践体验。

指标点 5.1 能够理解团队中每个角色的含义及团队协作对于整个团队的意义，具有团队协作精神和全局观念。

指标点 5.2 了解团队协作的策略和方法，积极参加小组学习与合作研究等团队协作活动，综合团队成员的意见，并进行合理的决策，承担相应职责。

毕业要求 6【沟通能力】培养跨文化交流的兴趣，养成尊重世界不同国家和地区文化及风俗等的良好素养，在读、说、听、写、译等方面熟练掌握英语，具备沟通合作技能。

指标点 6.1 养成尊重世界不同国家和地区文化及风俗等的良好素养，具备与客户沟通谈判的能力。

指标点 6.2 能够掌握和熟练运用英语，具备一定的国际视野，能够在跨文化背景下进行英文的沟通和交流。

毕业要求 7【终身学习】具有自主学习和终身学习的意识，具有提高自主学习和适应国际贸易新发展的能力。

指标点 7.1 正确认识终身学习的重要性，具有自主学习的意识与能力，制定符合新时代外贸发展需求的专业学习和职业发展规划。

指标点 7.2 能够跟踪国际经济与贸易专业学科前沿，具备自我学习知识、自我消化知识、自我更新知识的能力。

毕业要求 – 培养目标关联度矩阵

	培养目标 1	培养目标 2	培养目标 3	培养目标 4
毕业要求 1. 综合素质	√			
毕业要求 2. 专业知识	√	√		√
毕业要求 3. 专业能力		√	√	√
毕业要求 4. 研究能力		√		√
毕业要求 5. 团队协作	√		√	
毕业要求 6. 沟通能力			√	√
毕业要求 7. 终身学习	√			√

三、主干学科和核心课程

（一）主干学科

应用经济学、国际贸易

（二）核心课程

政治经济学、微观经济学、宏观经济学、国际经济学、国际贸易学、国际贸易实务、国际结算、国际商法

四、学制与学分要求

（一）学制：四年

（二）最低学分：毕业最低学分 161 学分，必修 128 学分，其中创新创业类课程 3 学分，劳动教育 2 学分；选修 33 学分，其中通识教育选修课程 10 学分。

五、授予学位及要求

符合《邢台学院学士学位授予工作实施细则（试行）》授予条件的，授予经济学学士学位。

六、各类课程设置及要求

（一）各类课程结构的设置说明

课程设置采用"平台＋模块"的结构体系。课程按 4 学年安排，每学年分 2 学期，分别用 1–8 学期表示。

（二）课程结构与学时学分分配表

附表 2–1 课程结构表

课程模块	课程分类	学分要求	修习类别	学分小计及百分比
通识教育平台	思想政治类	15	必修	45.5（28.3%）
	语言与信息素养类	13.5	必修	
	国防与体育教育类	2	必修	
	人文社会与科学素养类	5	必修	
		10	选修	
学科专业平台	学科基础课程	40	必修	76（47.2%）
	专业主干课程	19	必修	
	专业选修课程	17	选修	

续附表 2-1

课程模块	课程分类	学分要求	修习类别	学分小计及百分比
综合实践平台	通识教育实践课程	8	必修	39.5（24.5%）
	专业综合实践	19.5	必修	
	专业综合实践	6	选修	
	第二课堂	6	必修	

注：计算百分比时保留 1 位小数。

附表 2-2 各类课程学时比例分配表

课程类型	课程分类及修习类别		理论教学		实践教学		学时合计		学分合计	
			数量	比例	数量	比例	数量	比例	数量	比例
通识教育平台	思想政治类	必修课	272	10.9%	0	0.0%	272	10.9%	15	9.3%
	语言与信息素养类	必修课	208	8.3%	16	0.6%	224	9.0%	13.5	8.4%
	国防与体育教育类	必修课	32	1.3%	0	0.0%	32	1.3%	2	1.2%
	人文社会与科学素养类	必修课	64	2.6%	32	1.3%	96	3.8%	5	3.1%
		选修课	160	6.4%	0	0.0%	160	6.4%	10	6.2%
学科专业平台	必修课	学科基础课程	624	25.0%	48	1.9%	672	26.9%	40	24.9%
		专业主干课程	304	12.2%	0	0.0%	304	12.2%	19	11.8%
	专业选修课程		272	10.9%	0	0.0%	0.0%	10.9%	17	10.6%
综合实践平台	通识教育实践课程	必修	0	0.0%	160	6.4%	160	6.4%	14	8.7%
	专业教育实践课程	必修	0	0.0%	112	4.5%	112	4.5%	19.5	12.1%
		选修	0	0.0%	192	7.7%	192	7.7%	6	3.7%
合 计			1936	77.6%	560	22.4%	2496	100%	161	100%

注：计算百分比时保留 1 位小数。

七、课程设置总表

（一）通识课程平台（应修 45.5 学分，必修 35.5 学分，选修 10 学分）

课程类别	课程代码	课程名称	学分数	总学时	学时分配		修读学期	考核方式	修读说明
					讲课	实验			
思想政治类	3240001012	思想道德与法治	2.5	40	40		1	考试	
	3240001020	中国近现代史纲要	2.5	40	40		2	考试	
	3240001030	马克思主义基本原理	3	48	48		2	考试	
	3240001041	毛泽东思想和中国特色社会主义理论体系概论	2.5	40	40		3	考试	
	3240001050	习近平新时代中国特色社会主义思想概论	2.5	40	40		4	考试	
	324000106X	形势与政策	2	64	64		1–8	考查	
语言与信息素养类	3120001011	大学英语（一）	2	32	32		1	考试	
	3120001012	大学英语（二）	4	64	64		2	考试	
	3120001013	大学英语（三）	4	64	64		3	考试	
	3120001014	大学英语（四）	2	32	32		4	考试	
	3320001091	信息技术基础	1.5	32	16	16	1	考试	
国防与体育教育类	3240001080	军事理论	2	32	32		1	考查	
人文社会与科学素养类	3290001020	劳动教育	2	32	32			考查	
	365000101X	生涯规划与就业指导	1.5	32	16	16	1、6	考查	
	365000102X	从创新思维到创业实践	1.5	32	16	16	3、4	考查	
	通识教育选修课程		10	160	160		2–7		

注：通识教育选修课程分自然科学技术、人文社会科学、身体心理素质、美育教育四个门类，鼓励学生跨类选修与本专业跨度较大的门类，其中限定选修心理健康教育课程至少 2 学分，限定选修"美育教育"类课程至少 2 学分。

（二）学科专业平台（应修 76 学分：必修 59 学分，选修 17 学分）

1. 专业必修课模块（共 59 学分）

课程类别	课程代码	课程名称（核心课程后加 * 标记）	学分数	总学时	学时分配		考核方式	修读学期	修读说明
					讲课	实验			
学科基础课程	3320001061	高等数学 C	4	64	64		考试	1	
	3320001062	高等数学 C	4	64	64		考试	2	
	3320001070	线性代数 C	2	32	32		考试	2	
	3320001080	概率论与数理统计 C	4	64	64		考试	3	
	3320001101	数据处理与应用	2	48	24	24	考试	2	
	3320001110	Python 程序设计	2	48	24	24	考试	2	
	3230113010	政治经济学 *	2	32	32		考试	1	
	3230113020	大学语文与写作	2	32	32		考查	1	
	3230113030	管理学	2	32	32		考试	1	
	3230113040	微观经济学 *	3	48	48		考试	2	
	3230113050	会计学	2	32	32		考试	3	
	3230113060	宏观经济学 *	3	48	48		考试	3	
	3230113070	统计学	2	32	32		考试	3	
	3230113080	财政学	2	32	32		考试	3	
	3230113090	金融学	2	32	32		考试	3	
	3230113100	国际经济学 *	2	32	32		考试	4	
专业主干课程	3230113110	国际贸易学 *	2	32	32		考试	4	
	3230113120	商务谈判	2	32	32		考试	4	
	3230113130	国际贸易实务 *	3	48	48		考试	4	
	3230113140	世界经济	2	32	32		考试	5	
	3230113150	国际市场营销	2	32	32		考试	5	
	3230113160	国际商法 *	2	32	32		考试	5	
	3230113170	国际金融	2	32	32		考试	5	
	3230113180	服务贸易	2	32	32		考试	5	
	3230113190	电子商务	2	32	32		考试	5	

2.专业选修课程模块（需修够17学分）

课程代码	课程名称	学分数	总学时	学时分配		考核方式	修读学期	修读说明
				讲课	实验			
3230115010	国际贸易地理	2	32	32		考查	4	
3230115020	外贸客户开发与管理	2	32	32		考查	4	
3230115030	证券投资学	2	32	32		考查	4	
3230115040	商品学	2	32	32		考查	4	
3230115050	市场调查	1	16	16		考查	5	
3230115060	财务管理学	1	16	16		考查	5	
3230115070	外贸英语函电	2	32	32		考查	6	
3230115080	国际经贸热点专题	2	32	32		考查	6	
3230115090	国际贸易争端与纠纷案例分析	2	32	32		考查	6	
3230115100	国际商务礼仪	2	32	32		考查	6	
3230115110	国际投资	2	32	32		考查	6	
3230115120	国际物流	2	32	32		考查	6	
3230115130	客户关系管理	2	32	32		考查	6	
3230115140	区域特色外贸模块	1	16	16		考查	7	
3230115150	学术论文写作	1	16	16		考查	7	
3230115160	国际贸易学科前沿专题	1	16	16		考查	7	
3230115170	社会调查实务	2	32	32		考查	7	
3230115180	国际技术贸易	2	32	32		考查	7	

（三）综合实践平台（应修 39.5 学分，必修 33.5 学分，选修 6 学分）

课程类别专业教育实践课程	课程代码	课程名称	学分数	总学时	学时分配		修读周数	考核方式	修读学期	修读说明
					讲授	实验				
通识教育实践课程	324000107X	思想政治理论实践课	2	32		32		考查	1–4	
	3290001010	军训	2	2周			2周	考查	1	
	319000101X	大学体育	4	128		128		考试	1–4	
		第二课堂	6							
专业教育实践课程	3230113200	统计分析工具	0.5	16		16		考试	3	必修
	3230113210	计量经济学	1.5	48		48		考试	4	必修
	3230113220	国际结算 *	1.5	48		48		考试	5	必修
	3230115190	商务英语听说（上）	1	32		32		考查	5	选修
	3230115200	证券投资实训	1	32		32		考查	5	选修
	3230115210	网络营销	1	32		32		考查	5	选修
	3230115220	网站设计与制作	1	32		32		考查	5	选修
	3230115230	商务英语听说（下）	1	32		32		考查	6	选修
	3230115240	跨境电商实务	1	32		32		考查	6	选修
	3230115250	跨境电子商务数据分析与应用	1	32		32		考查	6	选修
	3230115260	国际贸易从业技能综合实训	1.5	48		48		考查	6	选修
	3230115270	国际货代实务	1.5	48		48		考查	6	选修
	3230115280	国际贸易单证实务	1	32		32		考查	6	选修
	3230115290	跨境电商综合实训	1	32		32		考查	6	选修
	3230113240	专业见习/社会调查	2				2周	考查	2	必修
	3230113250	学科竞赛/社会调查	2				2周	考查	4或6	必修
	3230113260	专业实习	4				8周	考查	7	必修
	3230113270	毕业实习	4				8周	考查	8	必修
	3230113280	毕业论文	4				8周	考查	8	必修

八、课程与毕业要求的关联度矩阵

课程类别	课程名称	综合素质				专业知识			专业能力			研究能力		团队协作		沟通能力		终身学习	
		1.1	1.2	1.3	1.4	2.1	2.2	2.3	3.1	3.2	3.3	4.1	4.2	5.1	5.2	6.1	6.2	7.1	7.2
通识教育平台 必修	思想道德与法治	H		M				L											
	中国近现代史纲要	M	H																
	马克思主义基本原理	M	H																
	毛泽东思想和中国特色社会主义理论体系概论	H	M		L														
	习近平新时代中国特色社会主义思想概论	H			M														
	形势与政策	H	M																
	大学英语					M										H			
	信息技术基础					H			M				L		M		H		
	军事理论		H		M														
	劳动教育											M		H*	H				
	生涯规划与就业指导																	H*	L

续表

课程类别		课程名称	毕业要求																	
			综合素质				专业知识			专业能力			研究能力		团队协作		沟通能力		终身学习	
			1.1	1.2	1.3	1.4	2.1	2.2	2.3	3.1	3.2	3.3	4.1	4.2	5.1	5.2	6.1	6.2	7.1	7.2
必修		从创新思维到创业实践		M									H*							M
选修		通识教育选修课程				M	M													
学科专业平台	专业必修课	高等数学C					H				L			M						
		线性代数C					H	L			L			M						
		概率与数理统计C					H				L			M						
		数据处理与应用					H				M			H						
		Python程序设计																		
		政治经济学		H				H	M											
		大学语文与写作		H			L													
		管理学						H	M						M	H				
		微观经济学			L															
		会计学						H								M				

续表

课程类别		课程名称	毕业要求																
			综合素质				专业知识			专业能力			研究能力		团队协作		沟通能力		终身学习	
			1.1	1.2	1.3	1.4	2.1	2.2	2.3	3.1	3.2	3.3	4.1	4.2	5.1	5.2	6.1	6.2	7.1	7.2
学科专业平台	专业必修课	宏观经济学			L				M												
		统计学						H		H				M						
		财政学			H			M	L												
		金融学			M			H	L												
		国际经济学						M	H												L
		国际贸易学						M	H					M							
		商务谈判			M						H						H*			
		国际贸易实务							M		H*	H					L			
		世界经济							H								H			
		国际市场营销			H*			M		H*					M		M			
		国际商法						M	H											
		国际金融						M	H								L			
		服务贸易						M	M	H										
		电子商务								H	M									H

续表

课程类别	课程名称	毕业要求																	
		综合素质				专业知识			专业能力			研究能力		团队协作		沟通能力		终身学习	
		1.1	1.2	1.3	1.4	2.1	2.2	2.3	3.1	3.2	3.3	4.1	4.2	5.1	5.2	6.1	6.2	7.1	7.2
学科专业平台课 / 专业选修课	国际贸易地理							L									M		L
	外贸客户开发与管理		M						M	M						L	L		
	证券投资学						M	L											
	商品学							M			L								
	市场调查																		
	财务管理学														M				
	外贸英语函电									M						M	M		
	国际经贸热点专题												M						
	国际贸易争端与纠纷案例分析							M			M							L	L
	国际商务礼仪								L							M	M		
	国际投资							M		L							L		
	国际物流									M	M								

续表

课程类别	课程名称	综合素质				专业知识			专业能力			研究能力		团队协作		沟通能力		终身学习	
		1.1	1.2	1.3	1.4	2.1	2.2	2.3	3.1	3.2	3.3	4.1	4.2	5.1	5.2	6.1	6.2	7.1	7.2
科专业平台 专业选修课	客户关系管理								M							M	L		
	区域特色外贸模块							M					L						
	学术论文写作		M										M						
	国际贸易学科前沿专题											L						M	M
	社会调查实务						M						M	M					
	国际技术贸易						M	M							M				
综合实践平台 必修	思想政治理论实践课	H	M	M															
	军训				H									M	M				
	大学体育				H*									M	M				
	第二课堂				H							H							
	统计分析工具									M			H					M	
	计量经济学									M		L	H*						

续表

课程类别	课程名称	综合素质				专业知识			专业能力			研究能力		团队协作		沟通能力		终身学习	
		1.1	1.2	1.3	1.4	2.1	2.2	2.3	3.1	3.2	3.3	4.1	4.2	5.1	5.2	6.1	6.2	7.1	7.2
必修	国际结算									M	H*									
	专业见习/社会调查																L	H	H
	学科竞赛/社会调查											H						M	H
	专业实习									H	H			H	H	M		M	
	毕业实习													H	H	M	H	M	
	毕业论文											M	H					H	H*
综合实践平台 选修	商务英语听说（上）	L	M													M	M		
	证券投资实训					M			M	M									
	网络营销					M			M	M									
	网站设计与制作								M	M									
	商务英语听说（下）			M												M	M		
	跨境电商实务								M	M							M		

续表

课程类别	课程名称	毕业要求							
		综合素质	专业知识	专业能力	研究能力	团队协作	沟通能力	终身学习
选修	跨境电子商务数据分析与应用			M	M			
	国际贸易从业技能综合实训			M	M		M	
	国际货代实务			M	M		M	
	国际贸易单证实务		M	M				
	跨境电商综合实训			M	M			

H 代表教学环节对毕业要求高支撑，H*代表最高支撑，M 代表教学环节对毕业要求中支撑，L 代表教学环节对毕业要求低支撑。

九、课程对毕业要求的支撑强度权重

课程类别	课程名称	毕业要求																
		综合素质				专业知识			专业能力			研究能力		团队协作		沟通能力		终身学习	
		1.1	1.2	1.3	1.4	2.1	2.2	2.3	3.1	3.2	3.3	4.1	4.2	5.1	5.2	6.1	6.2	7.1	7.2
通识教育必修平台	思想道德与法治	0.2																	
	中国近现代史纲要		0.2																
	马克思主义基本原理		0.2																
	毛泽东思想和中国特色社会主义理论体系概论	0.2																	
	习近平新时代中国特色社会主义思想概论	0.2																	
	形势与政策	0.2																	
	大学英语															0.3	0.5		
	信息技术基础					0.2													
	军事理论		0.2																
	劳动教育													0.4	0.25				
	生涯规划与就业指导																	0.4	

续表

课程类别	课程名称	综合素质				专业知识			专业能力			研究能力		团队协作		沟通能力		终身学习	
		1.1	1.2	1.3	1.4	2.1	2.2	2.3	3.1	3.2	3.3	4.1	4.2	5.1	5.2	6.1	6.2	7.1	7.2
必修	从新思维到创业实践											0.4							
学科专业平台 专业必修课	高等数学C					0.2													
	线性代数C					0.2													
	概率与数理统计C					0.2													
	数据处理与应用												0.2						
	Python程序设计					0.2													
	政治经济学						0.2												
	大学语文写作		0.2																
	管理学		0.2												0.25				
	微观经济学						0.2												
	会计学						0.2												
	宏观经济学						0.2												

续表

课程类别	课程名称	毕业要求																	
		综合素质				专业知识			专业能力			研究能力		团队协作		沟通能力		终身学习	
		1.1	1.2	1.3	1.4	2.1	2.2	2.3	3.1	3.2	3.3	4.1	4.2	5.1	5.2	6.1	6.2	7.1	7.2
学科专业平台·专业必修课	统计学								0.3										
	财政学			0.4															
	金融学						0.2												
	国际经济学							0.2											
	国际贸易学							0.2											
	商务谈判									0.3						0.4			
	国际贸易实务									0.4	0.3								
	世界经济							0.2								0.3			
	国际市场营销								0.4										
	国际商法			0.6				0.2											
	国际金融							0.2											
	服务贸易																		0.2
	电子商务								0.3										

续表

课程类别	课程名称	毕业要求																	
		综合素质				专业知识			专业能力			研究能力		团队协作		沟通能力		终身学习	
		1.1	1.2	1.3	1.4	2.1	2.2	2.3	3.1	3.2	3.3	4.1	4.2	5.1	5.2	6.1	6.2	7.1	7.2
综合实践平台（必修）	思想政治理论实践课	0.2																	
	军训				0.3														
	大学体育				0.4														
	第二课堂				0.3														
	统计分析工具											0.3	0.2						
	计量经济学												0.4						
	国际结算										0.4								
	专业见习/社会调查											0.3						0.3	0.2
	学科竞赛/社会调查																		0.2
	专业实习									0.3	0.3			0.3	0.25				
	毕业实习													0.3	0.25		0.5		
	毕业论文												0.2					0.3	0.4